KB040867

내 삶의 길을
누구에게 묻는가?

건강한 나를 위한 따뜻한 철학

백승영 지음

샘터

삶의 소박한 논리가 갖는 힘

산다는 것은 무엇이고, 잘 산다는 것은 또 무엇일까요? 사랑은 어떻게 하는 것이고, 행복은 또 어떻게 얻는 것일까요? 삶의 근원적인 질문들이지만 한마디로 답하기는 어렵습니다. 수천 년 인류 역사 속 지혜가 힘을 모아 그 질문들에 응답했고 여전히 응답하고 있지만, 우리는 같은 질문들을 또다시 던집니다. 누구나 '지금 여기'에서 '각자'의 고유한 삶을 살아가기 때문일 것입니다. 그 누구의 삶과도 같지 않고 그 누구의 삶과도 바꾸고 싶지 않은 내 삶이기에, 우리는 물어보는 여정을 멈추지 않습니다. 그 여정에서 위의 질문들이 '나의 행복은 무엇이고, 어떻게 살아야 내가 잘 사는 것인지'의 양태로 제기되는 것은 자연스러운 일입니다.

사람 수만큼이나 삶의 양태는 다양합니다. 누구나 자신만의 그물을 가지고 살아가기 때문입니다. 그 그물은 관점이나 사유방식이라고 일컬어지기도 하고, 가치관이나 세계관이라는 거창한 이름을 얻기도 합니다. 그 그물은 우리가 살아 있는 한 결코 벗어 던질 수 없는 삶의 도구이자 논리입니다. 우리는 그 그물로 세상이라는 바다에서 어떤 물고기를 낚을지 결정합니다. 그런데 그 그물을 어떤 재료를 선택해 어떤 구조로 만들고, 어떤 색채를 입히며, 어떻게 고치고 변경시킬지는 우리 스스로의 선택입니다. 그 선택이 우리 자신을 만들고, 우리의 삶을 가꿉니다. 그래서 '나의 행복은 무엇이고, 어떻게 살아야 내가 잘 사는 것인지?'라는 물음에 대해 우리는 결국 자신만의 고유한 답을 찾지 않을 수 없습니다. 그러니 그 답이 옆 사람과 다를 확률은 높습니다. 그래야 정상이고, 그래야 이 세상이 흥미로우며, 그렇기에 변화도 있고 발전도 합니다. 만일 모든 사람이 한길로만 가려고 한다면 세상은 마치 컨베이어 벨트가 돌아가는 공장처럼 단조로운 무채색이 되어 버릴지도 모릅니다. 그런 세상은 정상도 아니고, 지루하기 짝이 없습니다. 그런 곳에서는 더 이상 살고 싶지 않을 수도 있습니다.

삶의 길도, 그 길을 찾는 과정도, 그 길을 걷는 방식도 다채롭지만, 다음의 제안은 누구에게나 적용될 수 있을 것 같습니다.

'삶의 에너지 낭비를 최소화하자!'

우리가 갖고 있는 에너지와 힘을 최대한 효율적으로 사용하고 관리하여 불필요한 낭비를 막자는 것입니다. 경제 교과서에 나올 법한 경제 논리처럼 들리지만, 이것은 삶의 논리입니다. 아니, '삶의 거대 경제적 논리'라고도 할 수 있겠습니다. 이 책은 이러한 삶의 논리를 적용하여 일상의 작은 지혜 몇 가지를 환기하려 합니다. 그것들은 아주 소소하고 소박하며 단순합니다. 그 때문에 별것 아닌 것처럼 느껴지기도 하고 쉽게 잊히기도 합니다. 하지만 그것들이 우리의 삶에서는 의외로 큰 힘을 발휘합니다. 한편으로는 삶의 에너지가 불필요하게 소모되는 것을 막아 주고, 다른 한편으로는 그 에너지와 힘을 강화하면서 말입니다. 복잡함보다는 단순함이, 화려함보다는 소박함이, 강렬함보다는 소소함이 은근하지만 큰 파장을 일으키는 경우라고 할 수 있겠습니다.

그 일상의 작은 지혜들이, 제대로 잘 살아 보려 하지만 번번이 힘의 소진을 겪는 우리에게 작은 도움이라도 된다면, 짐을 가득 실은 낙타 같은 삶에서 짐 하나를 내려놓게 한다면, 고단하고도 고단한 삶을 조금이라도 덜 고단하게 한다면, 더 이상 바랄 것이 없겠습니다.

백승영

1장.

사랑하는 삶이
아름답다

사랑,
그 좋은 것

'사랑합니다!'

　이보다 더 좋은 말이 있을까요? 듣는 사람을 즐겁게 하고, 하는 사람도 즐거워지는 말입니다. 듣는 사람의 마음을 따뜻하게 하고, 하는 사람의 마음도 따뜻합니다. 마음이 따뜻하고 즐거우면 좋은 에너지가 생깁니다. 그 에너지의 파장이 호수의 물결처럼 퍼져 주변 사람들도 덩달아 기분이 좋아집니다. 훈훈한 기운이 사람들을 감쌉니다. 그래서 우리가 하는 수많은 말 중에 '사랑합니다'라는 말은 단연 으뜸입니다.

　그런데 그 말이 갖는 힘은 진실성에서 나옵니다. 해야 하기 때문에 마지못해 하거나, 입으로만 하거나, 내게 돌아올 이익을 따져서 하는 '사랑'이라는 말은 위선과 기만일 뿐입니다. 그러면 따뜻한 좋은 에너지가 생기는 것을 기대할 수 없습니다. 오히려 꾸며 내고 위장하고 거짓으로 속이면서 피곤해지겠지요. 듣는 사람의 마음도 불편해집니다. 그런 가짜 말은 공허합니다. "고객님 사랑합니다. 이번에 새로운 상품이 나와서 고객님을 위해 전화 드렸습니다"라는 광고 전화 속 '사랑'이라는 말처럼요. 다른 가짜 말 중에서도 가짜 '사랑'의 말은 금세 들킵니다.

세상에 속일 수 없는 것이 있다고 하지요. 도저히 참을 수 없는 재채기나 기침, 숨기려 해도 숨기기 어려운 가난처럼, 사랑의 마음도 그렇습니다. 사랑의 마음은 눈빛과 표정과 손짓만으로도 이미 드러납니다. 그러니 가짜 사랑도 마찬가지겠지요. 사랑의 말이 가짜 냄새를 풍기면 '이 사람이 도대체 왜?'라면서 우리는 사랑에 대해 회의하고, 그것은 결국 사람에 대한 회의로 이어집니다. 그런 가짜 말이 아니라, 진실하고도 진정성 있는 '사랑한다'는 말. 오로지 이런 사랑의 말이어야 환하게 웃게 하는 힘을 갖습니다.

진실한 사랑의 말을 하려면 진짜로 사랑하고 있어야 합니다. 내 안에 사랑의 마음이 넘쳐흘러야 합니다. 내 마음이 결코 마르지 않는 샘 같아야 합니다. 퍼내고 퍼내도 계속해서 솟아오르는, 고갈되지 않는 샘처럼 말이지요. 그 사랑의 샘물은 사방을 촉촉이 적십니다. 우리는 우리의 마음이 이런 고갈되지 않는 샘 같기를 바랍니다. 남을 외면하거나 불편을 끼치거나 해치는 사람이라도 마음속 깊은 곳에는 그런 따뜻한 바람이 있을 것입니다. 하지만 그 바람이 그저 바람으로 머무는 경우가 많습니다. 왜 그럴까요? 세상살이가 빡빡하고 어려워서일까요? 아마도 그것이 한 가지 이유는 될 수 있을 것입니다. 우리는 '이겨야 살아남는다'는 명제를 마치 정언명령처럼 여기는 세상에서 살아가고 있습니다. 그래서 이기려고 하는 무한경쟁이 펼쳐지는 세상에서 경쟁의 주체가 되기도 하고 희생양이 되기도 합니다. 그러면서 우리는 초조하고 불안해합니다. 몸도 마음도 지쳐 갑니다. 그러니 자신을 들여다볼 여유도, 남을 돌아볼 여유도 갖지 못합니다. 사랑으로 넘치는 마음이 있다고 해도 알아차리지 못하고, 마음의 샘은 점차 말라 갑니다. 참으로 안타까운 일입니다.

하지만 이것은 풍요로운 사랑의 마음을 갖지 못하게 하는 유일한 원인도 결정적인 원인도 아닙니다. 더 중요한 원인은 내 안의 작은 벌레들입니다. 그 작은 벌레들이 '내 것'을 가지라고 말하고, '내 것'이 더 많아지기를 원하고, '내 것'을 나 자신보다 더 중히 여기라고 합니다. '내 것'이 옆에 있는 '사람'보다 더 중요하다고 속삭입니다. 그 작은 벌레들이 말하는 '내 것'은 재물일 수도, 명예일 수도, 지식일 수도, 인기일 수도 있습니다. 어떤 것이든 내 안의 벌레는 그것을 소유의 대상으로 삼습니다. 지식도 소유의 대상, 명예도 소유의 대상, 인기도 소유의 대상이 됩니다. 재물은 더 말할 것도 없습니다.

　그런데 참으로 신기하게도 내 안의 작은 벌레는 결코 만족을 모릅니다. 그 벌레는 계속 배가 고프고, 그래서 계속 갖고 싶어 합니다. 그 벌레의 욕심 때문에 우리는 갖고 싶어 하고 또 갖고 싶어 하지만, 도대체 왜 그것을 갖고 싶어 하는지는 묻지 않습니다. 그 소유물을 나의 삶과 내 주변의 사람들을 위해 어떻게 활용해야 하는지도 관심 밖입니다. 그러한 삶에서 '내 것'은 나를 살찌우지 않을뿐더러 내 안의 사랑의 샘물이 흐르도록 하지도 않습니다. 오히려 작은 벌레들을 살찌우고 내 안의 샘물을 고갈시킵니다. 우리는 벌레들의 배만 채워 주는 삶을 살아가기 쉽습니다. 그래서 사랑이 어려워집니다. 자신에 대한 신실한 사랑도, 타인에 대한 품격 있는 사랑도 말이지요. 사랑이 어려워지면 행복해지기도 어렵습니다. 행복이 어려우면 잘 살아가기도 어렵습니다.

사랑은
선물입니다

그렇다면 사랑은 무엇일까요? 사랑은 선물입니다. '그냥 주는' 것이기 때문입니다. '왜?'를 묻지도 않고, '무엇을 위해?'라고 따지지도 않으며, '내게 돌아올 것'을 계산하지도 않지요. 그것은 대상을 가리거나 선별하지도 않습니다. 샘물이 특정한 사람만이 아니라, 주변의 모든 사람과 생물을 촉촉하고 넉넉하게 적시듯이 말입니다. 아무 이유 없이, 묻지도 따지지도 않고, 누구에게나 공평하게 주는 사랑. 보통 아이들에게로 향하는 어른들의 마음이 바로 그것이고, 신이 존재한다면 신의 마음 또한 그럴 것입니다.

그런데 이런 '그냥 주는' 사랑은 무척 어렵습니다. 사랑을 선물한다고 하면서 은연중에 되돌아올 것을 고려하는 습관 때문입니다. '이 세상에 공짜가 어디 있어? 사랑도 마찬가지지'라는 심보에서 연유한 습관 말입니다. 그 습관은 선물하는 사랑을 뇌물로 만들어 버립니다. '무언가가 되돌아오기'를 바라면서 주는 것이기 때문입니다. 되돌아올 것을 고려하기 때문에 아무에게나 주지 않습니다. 내게 무언가를 되돌려 줄 수 있는 사람만을 골라냅니다. 이런 사랑은 순수하지 못합니다. 진짜 사랑도 아닙니다. 하지만 우리는 이런 사랑에 익숙해져 있습니다. '내가 너를 어떻게 키웠는데, 네가 그럴 수가 있느냐' 하는 마음이나, '내가 너한테만 그렇게 잘 대해 주었는데, 네가 어찌 내게' 하는 마음을 갖습니다. 하지만 이런 마음은 자신이 준 사랑, 되돌아올 것을 고려하지 않고 그냥 주는 사랑에 대한 배반입니다. 자신의 사랑을 스스로 망가뜨리는 나쁜 습관입니다. 그런데도 그것은 불쑥불쑥 우리를 찾아옵니다. 그럴 때 스스로에게 강하게 말해 주세요. '내가 했던 사랑은 뇌물이 아니라 선물이었어. 그러니 대가가 오지 않더라도 내 사랑은 가치가 있어'라고 말입니다.

선물하는 사랑을 방해하는 것은 또 있습니다. 사람에 대한 소유욕이 바로 그것입니다. 우리는 흔히 소유욕의 대상을 사물이나 물질에만 한정하곤 합니다. 하지만 가장 큰 소유욕은 바로 사람에 대한 소유욕입니다. 사랑하는 사람을 내 것으로 만들고자 하는 것, 내가 원하는 형태로 만들고자 하는 것이지요. 그래서 우리는 이렇게 말하곤 합니다. "너는 내 친구인데, 왜 저 아이랑 친하게 지내니?", "나를 사랑한다면서, 내가 싫어하는 습관 하나도 못 바꿔 줘?", "내가 너를 얼마나 사랑하며 키웠는데, 의대에 가라는 내 소망 하나도 못 들어 주니?" 하지만 이런 마음은 점유와 독점욕과 집착의 다른 얼굴에 불과합니다. 혹은 상대를 분재 가꾸듯 내가 원하는 모습으로 조형하려는 욕심입니다. 그래서 상대를 위한 것이라기보다는 내 이기적 소유욕을 충족시키고자 하는 것에 불과합니다.

이런 소유욕은 섭섭함을 낳게 되고, 결국에는 갈등이나 불화를 불러일으키게 되지요. 상대 존재 자체에 대한 인정과 존중, 그리고 진정한 호의적 관심은 사라져 버립니다. 내가 아니라 오로지 그 사람을 위해, 그 사람의 성장과 발전과 행복을 위해서 그 사람을 고려하고 배려하려는 마음이 말입니다. 그런 사랑은 결코 선물하는 사랑일 수 없습니다.

인간은 누군가의 소유물일 수도, 분재일 수도 없습니다. 프랑스의 철학자 에리히 프롬은 삶을 소유 지향과 존재 지향으로 구분했습니다. 소유 지향적 삶은 인간을 포함한 모든 것을 자기 것으로 편입시키고 자기 것으로 만들고자 합니다. '갖기'를 원하는 것이지요. 그리고 더 많이 가질수록 자신의 존재가 풍요로워지고 행복해질 것이라고 믿습니다.

반면 존재 지향적 삶은 세상 속 모든 생명에 대한 인정과 존중,

| 메리 커셋, 〈아이의 목욕〉

사랑은 선물입니다. '그냥 주는' 것이기 때문입니다. '왜?'를 묻지도 않고, '무엇을 위해?'라고 따지지도 않으며, '내게 돌아올 것'을 계산하지도 않지요. 그것은 대상을 가리거나 선별하지도 않습니다.

그리고 진정한 호의적 관심을 갖습니다. 그러면서 자신이 살아 있다는 것 자체에서 충만한 만족을 느끼고, 인간을 비롯한 세계 전체의 생명력을 강화시킵니다. 그렇게 해야 한다는 책임의식도 갖습니다. 프롬이 바람직한 삶의 모습으로 제시했던 존재 지향적 삶이야말로 선물하는 사랑을 주고받는 삶이라고 할 수 있겠습니다.

> 당신의 존재가 희미하면 할수록, 그리고 당신이 당신의 생명을 적게 표현하면 할수록 당신은 그만큼 더 소유하게 되고 당신의 생명은 그만큼 더 소외된다.　　　　에리히 프롬, 《소유냐 존재냐》

나를
사랑할 수 있어야
남도
사랑할 수 있습니다

우리는 자기 자신과 관계 맺는 방식대로 외부와 관계를 맺습니다. 내가 나를 대하는 방식대로 타인을 대하는 것이지요. 내가 나를 부끄러워하거나 괴롭히거나 비하하면, 옆 사람에게도 삐딱한 시선을 먼저 보내게 됩니다. 내가 나를 아끼고 보살피고 애정으로 존중해 주면, 옆 사람도 그렇게 대하게 됩니다. 그래서 자신을 제대로 사랑하는 사람이 남도 진실로 사랑할 줄 아는 법입니다. 그러면 자기 자신을 사랑하기 위해 우리는 무엇부터 시작해야 할까요? 당연히 자기 자신을 잘 알아야 하겠지요. 그런데 자기 자신을 안다는 것은 그냥 되는 것이 아닙니다.

우리는 수많은 가면을 쓰고 있습니다. 인간person이라는 단어가 가면을 뜻하는 라틴어 페르소나persona에서 유래하듯이 말입니다. 인간은 로빈슨 크루소처럼 홀로 살아갈 수 없지요. '인간은 사회적·정치적 동물'이라는 아리스토텔레스의 말을 굳이 반복하지 않아도, 우리는 늘 누군가와 함께 더불어 살아가며 다양한 상황에 처하게 됩니다. 그래서 그때그때 필요한 얼굴이 있습니다. 힘이 들더라도 부모님께는 힘든 모습을 보이지 않으려 애써 웃음 짓고, 한없이 기쁠 때에도 옆 친구가 아파하면 내색하지 않기도 하는 등의 이런저런 가면 말입니다. 그러니 가면이라는 것이 꼭 나쁜 것만은 아닙니다. 하지만 자기 자신에게까지 가면을 쓸 필요는 없습니다. 오히려 가면을 벗어던지고 자신의 민낯을 똑바로 바라보아야 합니다. 나는 무엇을 좋아하는 사람인지, 어떤 장점과 단점이 있는지, 내 삶을 어떻게 꾸리고 싶은지 등을 위장의 베일 없이 알아내어야 합니다.

자신의 모습을 있는 그대로 파악하는 것은 자신에게 진정으로 필요한 것이 무엇인지를 식별하기 위한 전제입니다. 사람은 욕망하는 존재입니다. 늘 무언가를 추구하고 원하고 바라면서 살아갑니다. 그것은 우리를 생생하게 살아 있도록 하는 원동력이지요. 욕망 없는 삶이란 살아도 살아 있지 않은 것일 수 있습니다. 그런데 욕망이라고 다 같은 욕망은 아니지요. 진짜 욕망이 있고, 가짜 욕망이 있습니다. 둘을 구분하는 기준은 '내가 진정 원하는 것인가?'라는 물음입니다. 진짜 욕망은 민낯의 내가 어느 누구의 행복이 아닌, 자신의 행복을 위해 스스로 선택한 욕망입니다. 반면 부모가 원하거나 사회의 평가나 기준이 요구하기에 내 것으로 수용한 욕망이나 무분별한 소비심리를 자극하는 광고가 불러일으키는 욕망은 가짜일 가능성이 큽니다. 예를 한번 들어 볼까요?

'로션을 바르셨다면 수분크림을 바르세요. 얼굴이 오랜 가뭄에 갈라진 논처럼 되기 전에요.' 어느 화장품 광고입니다. 이 광고를 들으면 당장 수분크림을 사야겠다는 생각이 들지요. 그것을 바르지 않으면 얼굴에 큰일이 날 것같이 불안해집니다. 하지만 수분크림의 성분은 일반 로션과 그리 차이가 나지 않아요. 오히려 거의 동일한 성분을 겹쳐 바르면서 화학제품에 더 많이 노출될 뿐입니다. 하지만 광고는 우리에게 수분크림을 사려는 욕망을 갖게 만듭니다. 그러한 욕망은 가짜입니다. 이윤추구라는 목적 때문에 만들어진 조작된 욕망일 뿐입니다.

'우리 사회에서 대우받고 살려면 ○○과를 가야 한대. 당장은 싫어도 일단 그 과로 진학하려 해.' 이런 판단에도 가짜 욕망이 숨어 있습니다. 내 행복을 위해 내가 심사숙고한 선택이 아니기 때문입니다. 청소년기에는 자기가 누구인지 모르는 채, 자기가 아닌 다른 누군가가 되어 버리는 경우가 많습니다. 나중에 어른이 되어 있을 때 불행하고도 지루한 삶을 살고 있다면, 그것은 자신이 누구인지를 알려는 노력을, 자신의 진짜 욕망을 알아내려는 노력을 게을리했기 때문입니다.

'자신의 민낯을 바라보면서 내가 누구인지를 알고, 진짜 욕망과 가짜 욕망을 구분한다.' 이는 우리를 성장시키는 힘을 갖습니다. 누구나 잘 성장하고 싶어 하지요. 그래서 성장에 필요한 것들이 무엇인지에 대해 관심도 많습니다. 사회 곳곳에서 '자기계발'이 유행하는 것도 그 때문입니다. 자기계발을 다룬 책이 수없이 쏟아지고, 방송에서도 단골메뉴로 등장합니다. 하지만 그 내용들이 내게도 그대로 적용될 수 있을까요? 아니지요. 우리 한 명 한 명은 누구나 일회적이면서도 독특한 존재입니다. 세상에 나와 똑같은 존재는 없습니다. 모두가 다 다른 존재입니다. 그러니 성장에 필요하다고 소개되는 내용들이 내게 그대로 적용될 수 없다는 것은 자명합니다. 다이어트만 하더라도 자신에게 맞는 방식이 따로 있는데, 하물며 자신의 성장에 관한 것은 말할 필요도 없습니다.

여기서 선택이라는 것이 중요해집니다. 어떤 것을 받아들이고 어떤 것을 받아들이지 않을지 결정하는 선택 말입니다. 선택을 잘하려면 내가 누구인지를 제대로 알아야 하겠지요. 그래야 세상의 다양한 정보와 온갖 소리에 부화뇌동하거나 팔랑귀가 되거나 무조건적으로 수용하는 일을 막을 수 있습니다.

그런데 자신의 민낯을 직시하려면 용기가 필요합니다. 대부분 우리는 자신의 모습이 마음에 들지 않습니다. 좋은 점보다 나쁜 점이 더 많이 눈에 들어오고, 자신의 현재 모습은 대체로 불만스럽습니다. 물론 그 불만이 자신을 성장하도록 도울 때도 있습니다. 하지만 그 때문에 자신을 폄하하거나 부정하거나 외면하는 경우도 생깁니다. 이것이 문제지요. 이럴 때 우리가 유념해야 하는 것은 어느 누구도 완벽할 수 없다는 평범한 사실입니다. 사람은 누구나 불완전합니다. 외견상 완벽해 보이는 사람일지라도 마찬가지입니다. 그러니 자신의 모습을 누군가와 비교할 필요도, 불완전하다며 자기를 비하할 필요도 없습니다. 그저 자기 모습 그대로를 인정하고 받아들이세요. 그런 다음에는 이렇게 질문해 보세요. '지금 모습이 그대로 유지되기를 바라는가? 아니면 다르기를 바라는가?'

만일 지금 모습에 만족한다면 그 모습 그대로 살면 됩니다. 반대로 지금 모습이 만족스럽지 않다면 바꾸려고 노력하면 됩니다. 매일 아침 내면의 거울을 들여다보면서 '오늘도 어제의 나처럼 살 것인가?'를 물어보세요. 그러면 어제처럼 살아도 될 것 같은 자기이기에 당당하고, 어제와는 달리 살기를 원하고 노력하는 자기이기에 당당한 자기 자신을 보게 될 것입니다. 그런 자신을 사랑하지 않을 수 없겠지요?

사랑이 주는 큰 선물,
행복

행복에 도달하는 길은 다양합니다. 누구에게나 자신만의 길이 있습니다. 하지만 그 누구에게도 예외 없이 타당한 것은 사랑이 행복에 이르는 지름길이라는 점입니다. 행복은 실체가 있는 것도, 손에 잡히는 것도 아닙니다. 행복은 마음의 상태입니다. 그것도 내면이 충일과 충만으로 가득한, '야호!'를 부르게 하는 상태입니다. 그래서 더 이상 바랄 것이 없다는 심정이 깃들고 벅차오르며 저절로 즐거워집니다. 내면을 이런 상태로 이끄는 가장 확실한 것이 사랑입니다. 그런데 사랑은 선물이지 뇌물이 아니라고 했습니다. 사랑은 내게 되돌아올 것을 고려하지 않는다는 의미에서요. 그러면 사랑은 순전히 내 희생만을 요구하는 그런 것일까요? 절대로 그렇지 않아요. 사랑은 선물이지만, 그 선물은 내게 더 큰 선물을 줍니다. 그것이 무엇일까요?

로마 최고의 스토아 철학자로, 네로 황제의 스승이자 정치가였던 세네카를 아세요? 그가 이런 말을 했습니다.

> 세 명의 여신이 서로 손을 맞잡고 둥글게 원을 그리며 춤을 춘다는 것은 무엇을 의미하는가? 이 형상은 베풂이 손에서 손으로 전해져서 다시 베푸는 이에게 돌아가는 질서로 움직인다는 의미이다. 이 연속적인 운동이 계속 이어진다면 이 세상에 이보다 더 아름다운 일은 없을 것이다.
>
> 세네카, 《베풂의 즐거움》

세 명의 여신이 손을 맞잡고 춤추고 있습니다. 이 춤의 원운동이 멈추지 않고 계속 이어지는 것은 맞잡은 손 덕분입니다. 이 원운동은 베풂의 춤입니다. 여기서는 내가 무언가를 베풀면 그것이 손에서 손으로 이어져서 결국엔 다시 나에게 돌아오게 됩니다. 그런 형태로 베푸는 춤은 지속됩니다. 사랑도 마찬가지입니다. 내가 누군가에게 사랑을 주면, 그 사랑을 받은 사람은 그 옆 사람에게 사랑을 주고, 그 사랑이 언젠가는 다시 내게 돌아옵니다. 그러면서 우리는 서로에게 결속되는 것이지요. 이것이 내게 돌아오는 선물입니다. 하지만 이보다 더 큰 선물이 있지요. 사랑을 하면서 환해지고, 가득 채워

내 삶의 길을 누구에게 묻는가?

| 보티첼리, 〈삼미신〉

내가 누군가에게 사랑을 주면, 그 사랑을 받은 사람은 그 옆 사람에게 사랑을 주고, 그 사랑이 언젠가는 다시 내게 돌아옵니다. 그러면서 우리는 서로에게 결속되는 것이지요.

지는 느낌이 들고, 즐거워지는 내 마음이 바로 그것입니다. 달리 말하면 내가 누군가에게 사랑을 주는 것 자체가 나를 행복하게 해줍니다. 그러니 사랑을 준다는 것은 결국에는 내게 이로운 것, 나를 행복하게 해주는 것, 나를 위한 것이네요. '나 자신을 위한다면, 사랑하세요.' 이렇게 말할 수 있겠습니다.

　이렇듯 사랑이 주는 최고의 보답은 내 마음의 행복감입니다. 그러니 지금 내 사랑에 누군가의 직접적인 보답이 돌아오지 않는다고 해도 섭섭해할 이유는 없습니다. 물론 무언가 다시 내게로 돌아온다면 기분은 더 좋겠지요. 하지만 돌아오지 않는다고 해도 상관없습니다. 언젠가 돌아올 것이고, 그렇지 않다고 해도 나는 이미 보답을 받았으니까요. 보답을 이미 받았는데 무언가를 또 바란다는 것은 욕심이 너무 과한 것이기도 합니다. 그런데 사랑을 받은 사람이 받기만 할 뿐 사랑을 주지도 않고 감사의 마음도 갖지 않는 '배은망덕'만 남아도 계속 사랑을 주어야만 할까요? 당연히 '그렇다'입니다. 이유는 단 하나, 사랑은 선물이지 뇌물이 아니기 때문입니다.

이타적 사랑은
손해다?

가장 좋은 사랑은 무엇일까요? 서로에 대한 진정한 관심에서 우러
나온 사랑, 오로지 상대를 위해 그가 잘되기를 바라는 마음에서 나
오는 사랑, 서로의 생명력을 키워 주고 생명력을 주고받는 사랑일
것입니다. 그런 사랑에는 두 가지 특징이 있습니다.

　　첫째, 상대를 나의 행복을 위한 수단으로 삼지 않습니다. 독일 철
학자 칸트는 '사람을 수단으로가 아니라, 목적으로 대우하라'고 했
지요.(칸트,《실천이성비판》) 내가 인격적 존재이고 그런 존재로 대우받
고 싶어 하듯, 타인 역시 마찬가지입니다. 그런데 이 사실은 자주 망
각됩니다. 오로지 나만 소중한 것처럼, 오로지 나만이 인격적 존재

인 것처럼 행동하는 경우가 있습니다. 그래서 내 옆의 친구에게 고약한 말을 하거나 따돌림을 시키거나 폭력을 가하거나 합니다. 때로는 나를 위해 무언가를 하라고 강요하기도 합니다. 마치 그 친구는 사람이 아닌 것처럼 대하는 거지요. 이것은 그 친구를 목적으로 대하는 것이 아닙니다. 오히려 자신의 우월의식을 충족시키거나 화풀이의 대상, 욕구충족의 도구, 또는 자신의 못된 성격을 합리화하는 수단으로 삼는 것에 지나지 않습니다. 그 친구는 괴롭고 왜소해지고 지쳐 갑니다. 심지어는 삶을 그만두려고 할지도 모릅니다. 그럴 때 나는 편하고 행복할까요? 생명력이 시들어가는 그 친구를 보는 내 마음도 편치 않습니다. 가해자가 되어 버린 나는 미안합니다. 상대가 괴로워한 만큼 괴로움을 준 나도 당연히 괴롭습니다. 그러니 모두가 괴롭습니다. 내 삶도 당연히 엉망이 되어 버립니다. 내 생명력도 소진됩니다. 그렇지 않다구요? 남을 수단으로 삼고 괴롭히면서도 나는 아무렇지도 않다구요? 만일 이 말이 진심이라면 마음에 병이 생긴 것입니다. 치료를 받으셔야 합니다. 정상적인 사람이라면 옆사람이 나 때문에 아파하는데 멀쩡한 얼굴로 살아갈 수 없으니까요.

둘째, 타인에게 좋은 사랑은 결국 내게도 좋습니다. 우리는 흔히 이타성과 이기성을 대립적인 것으로 생각하지요. 이런 전제에서 이기적인 사람보다는 이타적인 사람이 되어야 한다고 말하곤 합니다. 하지만 이기성과 이타성이 결코 대립적이지 않다면요? 남을 위한 것이 곧 나를 위한 것이라면요? 선물하는 사랑이 바로 그렇습니다. 오로지 서로를 위하는 마음에서 생명력을 주고받는 사랑, 되돌아올 것을 고려하지 않고 사랑을 주는 것 자체가 이미 내게 행복이라는 보답을 주는 사랑, 이런 선물하는 사랑이야말로 우리 모두를 행복하게 하는 사랑입니다. 타인에게도 좋고 내게도 좋습니다. 타인을 행복하게 하고 나도 행복하게 합니다. 선물하는 사랑은 이렇듯 가장 이타적이면서도 가장 이기적인 사랑입니다. 이기성과 이타성을 동시에 충족시키는 독특한 사랑입니다. 그러니 선물하는 사랑은 오로지 타인을 위해 나의 이익(행복)을 포기하는, 희생하는 사랑이라고는 할 수 없습니다. 희생적 사랑의 주체 역시 이미 행복이라는 보답을 받았으니까요. 봉사하는 분들의 환한 얼굴과 맑은 미소가 바로 그 단적인 증거입니다. (여담이지만, 자신의 행복을 포기한다는 의미의 희생적 사랑은 그 사랑을 받는 사람의 마음을 행복하게 해줄 수는 없을 것 같습니다. 그 희생을 보면서 과연 '그 사랑 덕분에 내가 행복해졌다'며 맘껏 즐거워할 수 있을까요? 나를 위한 누군가의 희생은 늘 내 마음속에 남아 있게 됩니다. 한편으로는 고마우면서도 다른 한편으로는 무거운 짐처럼 말이지요. 그래서 환한 웃음을 지을 수는 없을 것 같습니다.) 선물하는 사랑은 이렇듯 이기성과 이타성의 합일을 가능하게 해줍니다. 참으로 신비롭지요? 사랑을 선물하는 것은 내게 결코 손해나는 일이 아닙니다. 내게도 좋은 일입니다.

우리는 왜
친구를 찾을까?

'친구야, 친구야!'

친구는 참 좋지요? 내 속마음을 털어놓을 수도 있고, 의미 없는 수다를 한판 늘어놓아도 되고, 그냥 함께 있어 주고, 즐거울 때 같이 웃고, 어려울 때 서로 돕는 그런 존재이니까요. 그러니 친구 없는 삶은 참으로 슬플 것 같습니다. 그런데 우리는 어떤 마음으로 친구를 찾을까요? 어떤 사람은 '자기 자신을 잃기 위해서' 친구에게 달려갑니다. 또 어떤 사람은 '자기 자신을 찾기 위해서' 친구를 찾습니다. '자기 자신을 잃기 위해서'는 자신의 민낯이 마주하기 싫을 정도로 스스로에게 부끄러워서 그런 자신을 외면하며 잊고 싶어 하는 경우를 말합니다. 이럴 때 내가 찾는 누군가는 나를 외면하고 잊을 수 있도록 도와주는 좋은 도구가 됩니다. 그와 함께하면서 자신으로부터 눈을 돌려 버릴 수 있기 때문입니다. 이것은 우리가 행하는 자기부정의 한 양태입니다. '자신을 찾기 위해서'는 타인의 시선과 평가를 통해 자기 자신에 대한 상像을 구하려는 경우입니다. 자신의 원칙과 생각으로 자신의 삶을 조형하려는 자율적 힘이 무력해져서, '나'를 '타인의 시선과 평가'에 의해 판단하고 그것에 맞추려고 합니다. 그래서 이때의 '나'는 '타인의 나'에 불과합니다. 타인의 바람과 기대와 척도에 따르는 나일 뿐입니다. 하지만 그 '타인의 나'를 '나 자신'과 동일시합니다. 이것은 자기부정의 또 다른 양태입니다. 이렇듯 '자기 자신을 잃기 위해서'나 '자기 자신을 찾기 위해서' 친구를 찾는 것은 '자신에 대한 좋지 못한 사랑'일 뿐입니다.

자기를 잃기 위해서나 자기를 찾기 위해 시작되는 관계는 진정한 친구를 만들기 어렵습니다. 진정한 친구를 얻으려면 자기 자신에 대한 좋은 사랑에서 출발해야 합니다. '자기 자신에 대한 좋은 사랑'이란 무엇일까요? 자신을 성장시키려는 마음에서, 자기 삶을 자신의 손으로 한 조각 한 조각 공들여 조형해 가려는 마음에서, 그럴 수 있는 자신의 힘에 대한 믿음에서 나오는 자기인정이자 자기긍정일 것입니다. 한마디로, 삶의 주인이자 삶의 예술가로 살아가게 하는 사랑입니다. 이런 자기애에서 출발하면 자신을 삶의 주인이자 삶의 예

| 브리튼 리비에르, 〈공감〉

우리는 어떤 마음으로 친구를 찾고 있을까요? 내 친구에게 나는 또 어떤 존재인가요?

술가로 살도록 고무시키고 촉구하는 친구를 찾게 됩니다. 같이 눈물 흘리고 내 어깨를 어루만져 주기보다 다시 일어나라고 자극하고, 무조건 동조하기보다 차라리 냉혹하게 비판하는 친구를 말입니다. 어찌 보면 차가운 적 같은 친구를 말이지요. 하지만 그 차가움은 나를 일으켜 세우고 북돋고 고무시키는 것이기에 나를 위한 것입니다. '자기 자신에 대한 좋은 사랑'에서 찾는 친구는 바로 이런 모습입니다. 독일의 철학자 니체는 이런 맥락에서 '진정한 적이 바로 진정한 벗'이라고도 했습니다. 《탈무드》에도 유사한 내용이 있습니다.

> 친구가 화내고 있을 때 달래려고 하지 말고, 친구가 슬퍼하고 있을 때 위로하려 하지 말라. 너를 칭찬하고 따르는 친구도 있을 것이며, 너를 비난하고 비판하는 친구도 있을 것이다. 너를 비판하는 친구와 가까이 지내도록 하고, 너를 칭찬하는 친구와 멀리하라.
>
> 《탈무드》

내게 뼈아픈 말을 해주는 사람이 진정으로 나를 위하는 친구일 수 있다고 하네요. 우리는 어떤 마음으로 친구를 찾고 있을까요? 내 친구에게 나는 또 어떤 존재인가요?

'웃으면 복이 와요', 환한 웃음의 효과

사랑하면 웃게 됩니다. 눈도 웃고 입도 웃고 심지어는 몸 전체가 웃습니다. '웃으면 복이 와요'라고 하지요. 그만큼 웃음의 효과가 크다는 것입니다. 우선 많이 웃으면 내 건강에 도움이 됩니다. 우리 몸에는 NK세포 natural killer cell가 있어요. '자연살상세포'라 번역되는 이것은 우리 몸속에 있는 자연면역세포입니다. 우리 몸속의 나쁜 세균이나 세포를 찾아내서 그것과 싸우는 참으로 기특한 존재입니다. 이세포가 활성화되면 면역력이 강해지고, 그렇지 않으면 면역력이 약해집니다. 이 NK세포를 잘 활동하게 만들어 주는 일이 중요한 이유입니다. 그래서 운동도 필요하고, 음식을 가려 먹는 것도 필요하다고 합니다. 그런데 신기하게도 웃음이 아주 큰 도움이 된다고 해요. 웃으면 이 세포들이 가장 활발하게 움직인대요. 반대로 우울하거나 슬퍼하고 있을 때는 이 세포들이 무기력해진답니다. 물론 웃는 것이 일종의 운동이기도 하지요. 웃을 때 우리 몸속 근육 600여 개 중에서 250개 정도가 영향을 받고, 몸속 칼로리를 엄청 태운다는 것이 밝혀진 바 있습니다. 웃음이 갖고 있는 이런 특징과 효과 때문에 암 같은 큰 질병을 치료할 때도 웃음치료라는 것이 동원됩니다. 크게 웃을수록 좋고, 웃고 싶지 않아도 웃는 시늉이라도 하는 것이 도움이 된다고 해요. '웃으면 복이 와요'가 옳은 이유는 웃으면 건강해지기 때문입니다.

'웃으면 복이 와요'가 옳은 이유는 또 있습니다. 내가 웃으면 타인도 웃습니다. 웃음은 전염성이 매우 강하지요. 심리학에서는 눈과 입 주변의 근육을 모두 움직이는 진짜 웃음을 '뒤센 스마일Duchenne smile'이라고 부릅니다. 그런 진짜 웃음은 타인에게 정서적 반응을 일으킵니다. 따라 웃게 만드는 것이지요. 그래서 내가 미소를 지으면 옆 사람도 기분이 좋아집니다. 그들이 의식적으로든 무의식적으로든 나를 따라서 미소를 짓기 때문입니다. 이런 사실은 과학적으로도 입증된 바 있어요. 2016년 의학전문매체 〈메디컬 익스프레스〉에 실린 논문에서는 타인의 얼굴 표정을 무의식적으로 따라 짓는 것이 뇌에서 자동적으로 이루어지는 인간의 본능이라고 말하고 있습니다.

일종의 '본능적 흉내 내기'라는 것이지요. 인간에게는 상대의 표정에서 10분의 몇 초 사이에 감정 상태를 알아차리고 공감하는 능력이 있기 때문입니다. 진화인류학에서는 이런 공감능력이야말로 인류가 지금과 같은 거대한 문명공동체를 만들 수 있던 주요 기제라고 말합니다. 인간은 다른 동물들이 감히 상상조차 하지 못하는 대단한 문화와 문명을 이루어 냈지요. 인간과 가장 가깝다고 하는 침팬지는 상상도 할 수 없는 이런 능력이 '공감능력'이며, 이는 인간에게 '거울뉴런'이라고 하는 신경세포가 있기 때문이라고 합니다. 바로 이런 공감능력이 미소를 따라 짓는 것으로도 나타나는 것입니다. 그렇다면 나의 환한 웃음이 타인의 환한 웃음으로 이어질 가능성이 높다는 것이 과학적으로도 설명이 된 셈이네요.

'웃으면 복이 옵니다.' 그러니 웃으세요. 내가 웃으면 옆 사람도 웃습니다. 내가 건강해지고 옆 사람도 건강해집니다. 내가 즐거워지고 옆 사람도 즐거워집니다. 이보다 더 좋은 일이 있을까요?

내가 사람이듯
옆 사람도
그렇습니다

'사람을 수단으로 대하지 말고 목적으로 대하라'는 말이 잠깐 나왔었습니다. 그것은 내가 사람이고 사람으로 대우받고 싶어 하듯, 옆 사람도 마찬가지라는 점을 유념할 때에 행동으로 옮길 수 있습니다. 우리는 잘 알고 있습니다. 오로지 나만이 사람이 아니라는 것을. 하지만 오로지 나만이 사람인 것처럼 살기 쉽습니다. 타인의 감정을 고려하지 않는 막말, 타인의 생각을 무시하는 외고집과 불통, 타인의 불편을 개의치 않는 행동, 타인의 생명 자체를 무시하는 파괴적 행동 등은 모두 의식적이든 무의식적이든 '오로지 나만 사람'이라는 독선과 오만의 표출입니다. 이런 태도는 자신에게도, 타인이나 공동체 전체에도 독이 됩니다. 그런데 우리 자신이 부지불식간에 그런 독이 될 수도 있습니다. 상상하기조차 싫은 끔찍한 일이지요. 그런 사태를 방지하기 위해 유념할 만한 삶의 수칙들이 있을까요? 참으로 평범하기 짝이 없지만 그 효능만큼은 확실한 몇 가지가 있습니다.

첫째, 자신에게만 관대하고 남에게 엄격한 것은 이중잣대에 불과합니다. 관대하다는 것은 너그럽고 넓은 마음, 이해의 폭과 용서의 힘을 갖춘 마음에 대한 표현입니다. 우리는 우리 자신에게 한없이 관대합니다. '이런 실수를 했구나. 다음에는 조심해야지', '오늘은 그냥 넘어가고 내일부터 하지 뭐' 등 우리가 하는 크고 작은 실수나 변칙을 이해해 주고 용서해 줍니다. 그런데 내 옆 사람이 같은 실수나 변칙을 범하면 매우 가혹해집니다. "그건 원칙을 깨는 일인데, 왜 그랬니"라고 타박하고, "그런 실수는 하면 안 돼"라며 질책하고 비난합니다. '내가 하면 의리, 남이 하면 집단이기주의', '내가 하면 차선 변경, 남이 하면 끼어들기'라는 말이 딱 들어맞는 경우입니다. 거기에는 나와 타인의 존재 자체를 차별하는 오만한 심보가 들어 있습니다. 자신에게 엄격하고 타인에게 관대한 것이 차라리 낫습니다.

둘째, 타인의 실수와 오류 가능성을 수용하지 않는 것은 인간의 유한성을 부정하는 것과 마찬가지입니다. 사람은 누구나 실수를 하고 오류를 범합니다. 우리의 삶 자체가 수많은 실수와 오류투성이라고 할 수 있습니다. '시행착오'나 '병가상사兵家常事'라는 그럴 듯한 말로 포장을 해보아도, 실수와 오류라는 점이 바뀌는 것은 아닙니다. 우리는 왜 실수를 하고 잘못을 할까요? 우리는 결코 완전할 수 없는 유한한 존재이기 때문입니다. 우리 모두는 자신만의 독특한 경험세계를 갖고 있고, 거기서 자신만의 관점과 사유방식과 행동방식을 형성해 갑니다. 거기에 각자의 결점과 약점들도 가세합니다. 그러니 이런저런 사태에 맞닥뜨렸을 때, 주관적으로 판단하고 제한적으로 결정할 수밖에 없고, 그러면서 의도치 않게 착오를 겪게 됩니다. 여기엔 그 어떤 예외도 없습니다. 인류의 스승이라고 칭하는 현자들이나 지혜롭다는 사람들 모두 제한적이고도 주관적인 판단의 그물에 걸리고 실수를 합니다. 그런데도 우리는 은연중에 완벽하기를 바라는 것 같습니다. 게다가 그 바람은 주로 타인에게 향합니다. 자기 자신은 은근슬쩍 예외로 삼아 버리고 말이지요. 오로지 타인에게만 실수를 저지르지 말라고, 완벽하라고 요구합니다. 이것은 바랄 수 없는 것을 바라는 바보 같은 심보입니다.

셋째, 외부로 향하는 심판과 판결의 방향을 내부로 돌리는 것이 좋습니다. 성경에 이런 일화가 나옵니다. 사람들이 간통을 했다는 어느 여인을 데리고 와서는 예수 그리스도에게 판결을 원했답니다. 그러자 그는 등을 보이고 묵묵히 땅을 바라보며 한참을 침묵하다가 이렇게 답했다고 하지요. "너희 가운데 죄 없는 사람이 먼저 이 여자에게 돌을 던져라. 이것이 나의 판결이다." 그러자 사람들은 슬금슬금 뒷걸음질을 치고는 결국 아무도 남아 있지 않았다고 합니다. 예수 그리스도의 그 말은 많은 의미와 함축을 지니지만, '외부로 향하는 심판과 판결의 방향을 내부로 돌리라'는 의미는 단연 압권입니다. 거기에는 이미 '내가 잘못을 저지르는 유한한 존재이듯, 타인도 마찬가지'라는 점이 전제되어 있습니다. 이러한 전제 위에서 남의 문제를 꼬집기 전에 나 자신을 먼저 돌아보라고 합니다. 타인의 눈에 묻은 티끌을 지적하기 전에 내 눈에 대들보가 있는지를 점검하라고 말이지요.

넷째, 내가 하기 싫은 것은 남에게도 요구하지 말아야 합니다. 공자께 제자 자공이 물었답니다. "평생 실천할 만한 말을 한마디로 하면 무엇일까요?" 그러자 공자는 간단히 "그것은 서恕인데, 서는 기소불욕 물시어인己所不欲, 勿施於人이다"라고 답했다고 합니다.(공자, 《논어》) 그것은 '내가 하기 싫은 일은 남에게 시키지 말라'는 의미입니다. 거기서의 '하기'는 '당하기'를 포함합니다. 그래서 내가 하기 싫은 일과 내가 당하기 싫은 일은 남도 하거나 당하기 싫어하는 법이니, 남에게 하지 말라는 포괄적인 의미를 갖습니다. 내가 뒷담화를 듣고 싶지 않듯 남의 뒷담화도 하지 말고, 내 자식의 욕을 듣고 싶지 않듯 남의 자식도 욕하지 말고, 내가 구정물에 손을 담그기 싫듯이 남에게도 그것을 강요하지 말고, 내 종교에 대해 공정치 않은 평가를 듣기 싫으면 남의 종교에 대해서도 공정치 않은 평가를 하지 말고, 내 삶이 침해받기 싫으면 남의 삶도 침해하지 말라고 합니다. 공자에게 인仁의 특징이었던 '기소불욕 물시어인'은 나와 타인을 동등한 '사람'으로 인정하면 자연스럽게 준수될 수 있는 소박한 행위 지침입니다.

2장.

함께하는
삶

나라는 존재,
그 최고의 신비

우리는 화분 속 작은 생명이 꿈틀거리는 것을 보면서, 위성이 보내
온 광활한 우주 사진을 보면서 그 신비로움에 감탄합니다. 경외감을
느끼기도 하지요. 하지만 그것만이 신비로울까요? 오로지 그것만이
경외의 대상일까요? 나라는 존재는요? 내가 생명을 받아 이곳에 태
어나 있고 이런 모습으로 여기에 있다는 것, 이것보다 더 큰 신비가
있을까요? 수억 개 정자 중 하나와 난자의 결합, 이것만도 놀라운 확
률입니다. 칠십억이 넘는 지구인들 중에 내 엄마와 아빠의 아들이자
딸로 태어난 것도, 대략 이백여 국가 가운데 대한민국에서, 서기로
는 2016년, 단기로는 4349년의 인류 역사 속에서 바로 오늘을 살

아가는 것도 그저 놀라울 뿐입니다. 바로 이 형제, 이 친구, 이 선생님을 만나 함께 어울리는 것도 예외는 아닙니다. 우리가 여기 이렇게 있다는 것, 이러한 상황과 환경에 처해 있다는 것은 신비 그 자체라고밖에는 말할 수 없습니다. 그런데 나는 어느 날 갑자기 하늘에서 뚝 떨어진 것은 아닙니다. 부모, 조부모, 증조부모, 고조부모로 이어지는 부계혈통과 모계혈통의 긴 계보가 이미 있어 왔고, 같은 시공간 속의 수많은 사람들과 교류하면서 '나'는 만들어집니다. 이렇듯 나는 이미 존재했었고, 현재에도 존재하는 모든 것과 연계되어 있는 거대한 좌표 속 한 점입니다. 다른 말로 하면 관계존재인 것이지요. 물론 이 세계 전체가 이렇게 거대한 관계체입니다.

관계존재로서의 나와 세계. 불가에서는 이것을 연기緣起라는 개념으로 설명합니다. 불교의 가장 오래된 경전 중의 하나인 《아함경》에서는 "이것이 있으면 저것이 있고 이것이 없으면 저것이 없다. 이것이 일어나면 저것이 일어나고 이것이 사라지면 저것도 사라진다"라고 하지요. 모든 것이 서로 얽혀 있고 서로 의존하면서 존재한다는 의미입니다. 니체도 "이 세계는 관계세계이다"라고 단언합니다.(니체, 《유고》) 물론 니체와 불교가 그렇게 말하는 맥락과 근거는 각기 다르지만, 서양의 지혜도 동양의 지혜도 모두 입을 모아 '관계'라고 외칩니다. '관계 없이는 나도 없고 세상도 없다. 나는 관계체이고 세상도 관계체이다'라고 합니다. 나는 이 세상 속 고립된 한 점이

내 삶의 길을 누구에게 묻는가?

| **구스타프 클림트, 〈죽음과 삶〉**

나는 이미 존재했었고, 현재에도 존재하는 모든 것과 연계되어 있는 거대한 좌표 속 한 점입니다. 다른 말로 하면 관계존재인 것이지요. 물론 이 세계 전체가 이렇게 거대한 관계체입니다.

아닙니다. 나 홀로 존립할 수 있는 실체적 존재가 아니라는 말입니다. '나'가 먼저 있고, 그 '나'가 '다른 나'들에게 손을 뻗어 추가적으로 관계를 맺고, 그 관계의 손을 놓아 버려도 '나'가 '나'로 여전히 존립한다는 것은 잘못된 생각입니다. '나'는 처음부터 관계존재입니다.

그렇다면 나의 생각과 말과 행동은요? 그것도 마찬가지로 관계망 속에서 형성되고, 관계망 속 모든 '다른 나'들에게 영향을 미칩니다. 예를 들어 볼까요? 내가 대학에 가지 않고 자유여행가가 되기를 선택한다고 칩시다. 그 선택은 내가 하지만, 이미 이런저런 정보와 영향 속에서 이루어진 것입니다. 그리고 그 선택은 나를 넘어 내 부모에게도 영향을 미치고, 내 가족, 내 친구, 더 나아가 내 후배에게도 영향을 미칩니다. 그런 나를 보면서 자신의 진로를 결정하는 친구도 있을 것이고, 염려하는 부모나 가족도 있을 것입니다. 어느 대학의 특정 과에는 내가 진학을 포기했기에 누군가가 대신 신입생이 될 수도 있습니다. 이렇듯 내 선택은 시작도 끝도 관계망을 벗어나지 않습니다. 내가 하는 말 하나하나, 내가 하는 행동 하나하나가 다 그렇습니다. 북경에 있는 작은 나비의 날갯짓 한 번이 태평양에 태풍을 일으킨다는 현대물리학 이론은 니체와 불가가 말하는 관계세계를 잘 설명해 줍니다.

관계적 나와 관계세계. 이런 생각이 우리에게 전달하고자 하는 '핵심' 메시지는 무엇일까요? 그것은 책임입니다. 나 자신에 대한 책임 그리고 세계 전체에 대한 책임, 늘 두 가지 모두를 고려해야 한다고 말하는 것입니다. 내가 실체가 아니라 관계존재이기에 오로지 나에게만 집중하고 오로지 나만을 위해서 산다는 것은 원칙적으로 불가능합니다. 내가 선택하는 일은 크든 작든 간에 옆 사람들과 외부 세상과의 협동작업의 산물이고, 또 그것에 영향을 미칩니다. 그러니 오로지 내게서만 나오는 선택이 없듯, 전적으로 내게만 그 영향이 제한되는 선택도 없습니다. 오히려 내 선택의 파장은 세상 전체로 손을 뻗습니다. 내 선택이 오로지 내게만 적용되는 경우와 내 주변 그리고 세상 전체에 영향을 미치는 경우 중에서 어떤 것이 더 큰 책임을 요구하는지를 굳이 설명할 필요가 있을까요? 그러니 내가 하는 말 한마디, 내가 내리는 결정 하나하나, 내 행위 하나하나가 얼마나 중요한지 알겠지요? 얼마나 신중하게 결정해야 하는지, 얼마나 큰 책임감으로 선택해야 하는지도 알 것입니다.

이론상으로는 그렇다고 쳐도 나는 유명인사도 아니고, 세상을 좌지우지할 힘도 없는, 존재감 제로인 사람이라 상관없다구요? 이 세상 속에는 힘이 세든 약하든, 키가 크든 작든, 얼굴색이 노랗든 검든, 돈을 많이 벌든 적게 벌든, 유명하든 그렇지 않든 간에 존재감 제로인 것은 하나도 없습니다. 모든 것이 함께 참여하여 이 관계세상을 만들어 갑니다. 그런 점에서 동등합니다. 물론 거기서 더 큰 힘을 발휘하는 특정 인물이나 사태는 당연히 있겠지요. 하지만 그 힘을 발휘하는 것 자체가 이미 우리 모두가 참여한 공동작업의 결과입니다. 대통령이요? 국민의 투표를 통해서 만들어진 자리이지요. 유명한 연예인이요? 팬들이 그들을 좋아해 주기에 그 위치에 있는 것이지요. 권위 있는 학자요? 학자의 지식에 권위를 부여해 주는 것은 그 지식의 가치를 알아주는 학문공동체와 일반인들이지요. 아닌 것 같다구요? 갈릴레오를 생각해 보세요. 그는 재판을 받았고 지동설을 철회해야 했지요. 종교의 힘이 강했던 그 당시에 그는 학자로서의 권위를 동료에게도 일반인에게도 전혀 인정받지 못했습니다.

이렇듯 우리 모두는 소중한 존재이자 동시에 세상 전체에 대해 무한한 책임감을 가져야 하는 존재들입니다. 인간이 존중받아야 할 또 하나의 이유입니다.

짐작은 오해를,
대화는 이해를

식당에 있던 어느 화가가 데생 하나를 그럴 듯하게 그려 내자, 지켜
보던 손님 한 분이 칭찬을 했습니다. 화가는 감사의 제스처를 한 후
스케치북의 깨끗한 면을 펼치더니, 왼손을 내밀어 엄지손가락을 세
워 보이곤 하면서 또 다른 그림을 그리더랍니다. 손님은 화가가 자
신을 모델로 데생을 시작한다고 생각하여 화가가 그리기 쉽게 포즈
를 취하고 그대로 앉아 있었습니다. 수십 분이 흐른 후에 화가는 스
케치북을 손님에게 보여 주었답니다. 스케치북에 무엇이 그려져 있
었을까요? 손님이 아니라 화가의 왼손 엄지손가락이었답니다. 이 이
야기는 우리에게 타인의 생각을 짐작하여 판단하는 일이 얼마나 어

려운 일인지를 알려 줍니다. 아마도 손님이 화가에게 무엇을 그리는지, 혹시 자신을 그리고 있는 것인지 한 번이라도 물어보았더라면 그런 오해를 하지 않았을 것이고, 몇십 분 동안이나 그 누구도 보지 않는 포즈를 취하며 꼼짝없이 앉아 있을 필요도 없었을 것입니다. 그런데 이 이야기 속 손님 같은 경우가 우리 일상에서도 자주 일어납니다. '저 사람이 저런 행동을 하다니, 분명 이런 이유 때문일 거야', '저 아이가 내게 눈을 흘기는 것 같은데, 분명 내게 불만이 있나봐' 하는 등의 추론을 해가며 때로는 마음이 심란해지기도 하고 때로는 상대를 오해하여 근거 없는 미움을 갖기도 합니다. 쓸데없이 시간을 허비하고 에너지를 소모하는 경우지요. "내가 혹시 섭섭하게 한 일이라도 있니?", "안색이 좋지 않은 것 같은데 내가 잘못 본 거니?"라고 한마디만 했으면 벌어지지 않을 상황입니다.

우리의 생각은 자신의 관점과 사유방식이라는 그물에 걸러집니다. 누구라도 자신만의 그물을 갖고 있지요. 모든 것이 그 그물에 걸러진 채로 우리에게 들어옵니다. 그래서 사태를 있는 그대로 받아들이는 것은 불가능합니다. 나의 관점이 적용된 나의 판단이고 나의 이해이고 나의 해석입니다. 이 그물은 때로는 가치관이나 세계관이라는 거창한 이름을 얻기도 하지만, 본질은 같습니다. 내가 만들어내고 또 그것의 도움을 받으며 살아가는 우리 자신의 그물인 것입니다. 그런 그물을 갖는 것은 자연스러운 일입니다. 하지만 그 그물은

내 삶의 길을 누구에게 묻는가?

양날의 검입니다. 그것 때문에 우리는 불필요하게 오해하고 많은 에너지를 낭비하기도 합니다. 때로는 불화와 갈등과 싸움이 일어나기도 합니다. 사람들 사이의 관계에서는 더욱 더 그렇습니다. 별로 경제적이지도 효율적이지도 않은 그런 상황을 최소화하는 방법은 단 하나, 직접 대화하는 것입니다. 물론 대화할 때에도 내 그물은 결코 사라지지는 않습니다. 하지만 적어도 대화하지 않고 내 멋대로 판단할 때의 에너지 낭비만큼은 줄일 확률이 확실히 높습니다.

대화할 때 다음과 같은 점에 유의하는 것은 그 확률을 더 높일 수 있습니다. 먼저, 판결하려는 성급한 마음을 갖지 않는 것입니다. 판결을 하려는 마음은 오만입니다. 내가 내 관점의 그물을 가지고 내 멋대로 상대를 평가하고 재단하려는 마음이기 때문입니다. 그 마음은 상대에게 내 생각을 강요하는 실수로 이어질 수도 있습니다. '네가 그런 고민을 하다니, 정말 어처구니가 없어. 그게 고민거리가 되니?' 친구와 소원해져 가슴앓이를 하고 있는 상대에게 이런 말을 하게 되면, 그는 더 이상 아무 말도 할 수가 없습니다. 내게는 고민거리가 아니더라도 상대에게는 고민거리일 수 있는데, 나는 은연중에 나처럼 생각하라고 심리적 압박을 가하고 있는 것이나 마찬가지입니다. 그에게도 자신만의 생각의 그물이 있는데 말입니다.

판결하라는 마음을 내려놓은 후에는 '왜?'냐고 묻지 말고 그냥 들어 주세요. 우리는 대화를 한다고 하면서 실제로는 자기 말만을 늘어놓는 또 다른 실수를 하곤 합니다. 내 말을 아끼면서 그냥 귀 기울여 들어 주세요. 거기에 '왜 그랬어?'라는 질타 대신 '그랬구나, 그랬어'라는 마음이 동반되면 더욱 좋습니다. 그런 마음으로 듣다 보면 의외의 수확도 따라옵니다. 나는 많은 말을 하지도 않았고 구체적인 해결책을 제시하지도 않았는데, 상대가 문제해결의 방법을 스스로 찾아내기도 합니다. 자기 말을 들어 주는 대화를 하면서 자기 스스로 의문이 생기고, 자기 스스로 반성을 하고, 자기 스스로 대안을 만들어 내기 때문입니다. 물론 그 대화를 통해서 나 또한 무언가를 새롭게 배웁니다. 이렇듯 들어 주는 대화는 자기성찰의 기회이자 배움의 장일 수 있습니다. 판결하려는 대화가 아니라 들어 주는 대화를 해보세요. 내게도 좋고 우리 모두에게도 좋습니다.

홀로 있기와
더불어 있기

홀로 살 수는 없는 것이 사람이라고 했습니다. 늘 누군가와 함께 살아갑니다. 하지만 그 '함께'가 '같은' 함께는 아닌 것 같아요. 마음은 저 멀리 가 있고 몸만 함께하는 경우도 있고, 몸과 마음은 각각 따로지만 공간만 나눠 쓰는 함께도 있습니다. 물론 마음만 함께하는 경우도 있고, 몸과 마음이 같이 함께하는 경우도 있지요. '어떤 함께'를 원하나요?

어느 추운 겨울날, 고슴도치들은 얼어 죽지 않으려고 서로 바싹 달라붙어 한 덩어리가 되어 있었다. 그러나 그들은 그들의 가시가 서로를 찌르는 것을 느꼈다. 그리하여 그들은 다시 떨어졌다. 그러자 그들은 추위에 견딜 수 없어 다시 한 덩어리가 되었지만, 가시가 서로를 찔러 다시 떨어졌다. 이처럼 그들은 두 악 사이를 오갔다. 그리하여 마침내 그들은 상대의 가시를 견딜 수 있는 적당한 거리를 발견했다.

쇼펜하우어, 《여록과 보유》

독일 철학자 쇼펜하우어의 글에 나오는 유명한 비유입니다. 우리는 고슴도치 같습니다. 홀로 있는 것과 함께 있는 것 사이에서 왔다 갔다 합니다. 너무 혼자만 있으면 자신의 성안에 갇혀 버리기 쉽고, 너무 함께만 있으면 자신을 잃어버릴 수가 있습니다. 적절한 균형점을 잘 찾는 것이 필요한 까닭입니다. 거기에는 정답도 정도도 없습니다. 그러니 '자신만의' 균형점을 찾으면 됩니다. 때로는 시행착오를 겪을 수도 있지만, 결국에는 찾게 될 것입니다. 그런데 균형점을 찾는 것만큼이나 중요한 것은 '어떤 함께'를 이루어 낼 것인가입니다.

'일심동체'라는 말이 있지요. 몸과 마음이 하나라는 의미로, 작든 크든 어느 집단을 막론하고 필요한 덕목입니다. 그래야 공동체의 결속과 유대가 생기고 목표를 향하는 힘이 하나로 응집되기 때문입니다. 하지만 이것은 폐해를 동반하기도 하지요. 《탈무드》는 "만일 모든 사람이 한 방향으로만 향한다면, 세상은 기울어져 버릴 것이다"

내 삶의 길을 누구에게 묻는가?

라는 말로 그 폐해를 대변합니다. 즉 독단과 획일이 지배하고, 개개인의 차이와 자유는 질식당하게 됩니다. 컨베이어 벨트가 돌아가는 공장처럼 되는 거지요. 이런 폐해는 '이심이체'의 장점이 같이 고려되면 현저히 줄어듭니다. '두 개의 몸과 두 개의 마음'은 자주 분열과 갈등을 조장하는 것처럼 매도되지만, 그것은 차이와 다름이 갖는 창조적이면서 비판적인 힘의 순기능을 무시해서입니다.

사람은 누구나 다 자신만의 그물을 갖고 자신만의 삶을 살아갑니다. 그러니 누구나 독특하고 일회적이며 고유한 존재입니다. 그 이심이체인 인간들이 함께 모여 크고 작은 공동체를 이룹니다. 여기서 물론 일심동체의 힘이 발휘되지요. 하지만 일심동체가 이심이체의 순기능을 무시하면 그 공동체는 결국 닫힌 사회가 되어 버립니다. 그 속에서 개인은 자유롭지도, 차이를 인정받지도, 개성을 존중받지도 못합니다. 게다가 그런 함께는 재미도 없습니다. 세상은 다채롭고 다양해야 흥미롭고, 그런 세상이어야 살아갈 맛도 납니다. 또한 각자가 자신의 개성대로 독특하게 살아가야 세상이 변하고 발전하기도 합니다. 이렇듯 차이가 있어야 인간이고, 차이가 있어야 세상이며, 그 차이가 세상의 변화를 만듭니다. 하지만 독단과 획일이 판을 치면 그 모든 것이 어려워집니다. 그런 함께는 진정한 함께가 아닙니다. 개인에게 득이 되지 않는 함께일 뿐이니까요.

진정한 '함께'는 나의 성장과 너의 성장 그리고 공동체 전체의 성

| 피에르 오귀스트 르누아르, 〈물랭 드 라 갈레트의 무도회〉

세상은 다채롭고 다양해야 흥미롭고, 그런 세상이어야 살아갈 맛도 납니다. 또한 각자가 자신의 개성대로 독특하게 살아가야 세상이 변하고 발전하기도 합니다.

장이 같이 이루어지는 것입니다. 그러려면 일심동체의 장점과 더불어 이심이체의 장점도 같이 존중되어 두 정신이 어우러져야 합니다. 그것을 위해서는 공동체 전체가 열려 있어야 하고, 그러려면 공동체를 만들어 내는 개인이 열려 있어야 합니다. 다름이 서로를 향상시키고 전체를 향상시키는 긍정적 힘이라는 점을 유념하는 개인 말입니다. 이런 열린 개인이 있어야 열린 사회도 비로소 가능해집니다.

하지만 열린 개인이 되는 것도 그리 쉬운 일만은 아닌 듯합니다. 우리는 차이와 다름을 어색해하고, 불신하며, 심지어는 배타적 태도를 보이기도 합니다. 식당이나 음식점이 고유의 색깔을 갖고 전문화되어 차별성이 있으면 우리는 그곳을 즐겨 찾게 됩니다. 하지만 나와 생각이 다르거나, 신념이 다르거나, 종교가 다르거나, 출신 학교나 고향이 다르거나 하면 그 차이를 환영하기보다는 쌀쌀맞은 시선을 보냅니다. 참으로 괴이한 일입니다. 이런 태도는 마음의 열림을 방해합니다. 우리를 성장으로 이끌지도 못합니다. 더불어 있음의 탁월한 효능을 자신의 것으로 하지 못하는 바보스러움에 불과할 뿐입니다.

쓸데없는 화,
쓸모 있는 화해

'이해하고 화해하라!'

인류의 위대한 현자들도, 사람들의 마음을 사로잡는 종교도 모두 이렇게 말합니다. 부모님들도 이렇게 말씀하시지요. 왜 그럴까요? 인류의 긴 역사를 통해서 이해와 화해가 얼마나 큰 힘을 발휘하는지를 지적 유산으로 물려받았기 때문입니다. 옛사람이든 요즘 사람이든, 서양 사람이든 동양 사람이든 모두 다 입을 모읍니다. 적개심과 화는 결코 우리에게 이롭지 않고, 이해와 화해가 이롭다고 말입니다.

살다 보면 이런저런 갈등도 생기고 의도치 않게 화를 돋우는 일도 일어납니다. 작게는 개인의 소소한 일상에서부터 정치적 상황을 넘어, 크게는 국제관계에 이르기까지 화가 치밀어 오르는 순간들이 많지요. 그런데 그것은 대부분 우리의 기대치가 충족되지 않았기 때문에 발생합니다. 친구에게 호의를 기대했는데 친구가 그 기대를 저버리든가, 약자를 위한 정치를 기대했는데 강자의 이익을 대변하는 정치를 한다든가 하면 속에서 무언가 욱하고 치밀어 오릅니다. 그런데 세상은 우리의 기대를 자주 배반합니다. 기대를 배반하는 것이 정상이라고 여길 정도로 매우 자주요. 세상은 나 혼자 살아가고 내 의지대로 경영하는 곳이 아니기 때문입니다. 내가 원한다고 해서 그대로 될 수는 없습니다. 그럴 때마다 화를 내면서 뚱한 얼굴로 평생을 살아가야 할까요?

우리가 바라고 기대하는 바와 다를 때 내면에서 치솟는 화. 이런 감정이 드는 것은 우리 같은 평범한 사람들에게는 자연스러운 현상입니다. 하지만 솟구치는 화를 그대로 표출하는 것은 결코 자연스럽지 않습니다. 화를 그대로 드러내는 것은 일종의 폭발이자 폭주입니다. 자신을 통제할 수 없다는 것의 표현이자 현명하지 못한 사람이라는 점을 보여 줄 뿐입니다. 화가 나면 상대를 노려보거나 소리를 고래고래 지르거나 폭력적 행위를 하는 등 직접적으로 표출하거나, 뒤돌아서서 화나게 만든 상대를 비방하거나 해코지하는 등 간접적으로 표출하게 됩니다. 전자든 후자든 자신이 통제불능 상태에 있다는 표현입니다. 통제력을 잃은 일시적인 광란에 빠져 있는 것이지요. 화를 내는 자신의 얼굴을 거울에 비추어 보세요. 벌겋게 달아오른 뺨과 심술궂게 번뜩이는 핏발 선 눈동자, 삐뚤어진 입을 가진 낯선 그 무엇이 보일 것입니다.

화를 그대로 표출하는 것은 아무런 효용이 없습니다. 화를 내면 이성은 마비되고 그 후에는 극심한 피로가 찾아옵니다. 심한 자괴감이나 죄의식, 우울증 같은 정서장애도 찾아옵니다. 몸에 여기저기 문제가 생길 수도 있습니다. 순간적으로 혈압이 상승하고 갑자기 위경련을 일으킨다거나 심장에 통증을 느끼기도 하지요. 화를 받는 대상도 비슷한 상태에 빠집니다. 자신에게 쏟아지는 화로 인해 신경이 쓰이고 짜증도 나니 마음도 아프고 몸도 아파 옵니다. 그러니 화를 그대로 표출하는 것은 내게도 상대에게도 전혀 도움이 되지 않습니다. 게다가 전혀 인간적이지도 않습니다. '화는 인간적인 현상이다', '화를 꾹꾹 눌러 참는 것보다는 표출하는 것이 좋다'며 화의 표출을 옹호하는 말도 있지만, 그것은 인간을 비하하는 말에 불과합니다. 자기통제 능력의 상실이나 광란 상태를 인간적인 상태라고 말하는 것과 다를 바가 없으니까요. 오히려 그 반대가 맞지 않을까요? 인간이기 때문에 우리는 화를 잘 다룰 수도 있지 않을까요? 중국인들이 티베트를 침공했을 때의 에피소드가 하나 있습니다. 영문도 모른 채 가공할 무력으로 제압당하면서도 티베트인들이 전혀 화를 내지 않더랍니다. 오히려 소리소리 지르며 마구 화를 내는 중국인들을 놀라워하면서 바라보더랍니다. 티베트인들은 화를 다룰 줄 아는 사람들이었나 봅니다.

다시 한 번 말하지만 화가 생기는 것은 자연스럽지만, 화의 표출은 자연스럽지도 인간적이지도 않습니다. 그러면 어떻게 해야 할까요? 화를 '해소'하면 됩니다. 이해와 화해로 말이지요. 이해하고 화해하려니 자존심이 상한다구요? 내 손해인 것 같다구요? 천만에요. 그 반대입니다. 화와 적개심의 표출보다 이해와 화해가 나의 가치를 더 높여 주고 내가 더 현명한 사람임을 입증해 줍니다. 다음과 같은 점들 때문입니다.

화를 내면 내 몸과 마음이 피폐해진다고 했지요. 내게 아무 도움도 되지 않고 해롭기만 한 일을 굳이 찾아서 하는 것은 이성적이라고 보기 어렵습니다. 우리는 몸에 좋지 않은 기호품이나 음식을 일부러 찾지는 않지요. 그것보다 더 직접적이고 강력하게 나쁜 영향을 끼치는 것을 일부러 찾을 이유는 더더욱 없습니다. 상황이 내 마음에 들지 않더라도, 그것 때문에 내게 손해나는 일을 할 필요는 없습니다. 그런데 화를 이해와 화해로 돌려 해소하는 일은 나만을 위한 것만은 아닙니다. 상대에게도 매우 유용한 행위입니다. '너 때문에 내가 이렇게 화가 났어. 그러니 내게 용서를 빌어'라면서 상대를 몰아세우는 대신, '네 행위에 대해 생각하다가 내가 그만 이런 상태에 빠져 버렸어. 그런데 이 상태가 매우 불편해. 나 좀 도와줘. 게다가 네게도 불편을 초래할 것 같아. 우리 같이 이 불편함을 해소시켜 보자'라고 한다면 상대는 내 분노의 화살을 직접 맞지는 않습니다. 그러니 그에게서 오는 역습의 가능성도 줄어듭니다. 그 대신 이해와 화해의 마음이 솟구치게 됩니다.

이렇듯 나 자신을 위해서나 타인을 위해서나 화를 표출하기보다는 이해하고 화해하는 것이 훨씬 현명하고 유용한 행위입니다. 물론 가장 큰 혜택을 받는 이는 바로 나 자신입니다. 나의 현명함을 보여 주는 계기가 되고, 화를 다룰 줄 아는 '인간'임을 보여 주는 계기도 되니까요.

인생은 곡선입니다, 쉬었다 가도 괜찮습니다

아무리 우리가 관계체이고 내 생각과 선택과 행위가 다른 사람들과 온 세상의 협동작업의 산물이라고 해도, 그 생각과 선택과 행위의 최종 주체는 물론 나입니다. 하지만 세상은 결코 내 바람대로 되지는 않지요. 그때그때 너무나도 많은 변수가 생기고 내 통제와 의지로도 어찌할 수 없는 일들이 속출합니다. 이 세상은 관계체라면서요. 나 혼자 만들어 가는 것이 아니라면서요. 그러니 나의 생각과 믿음과 의지에 대립되는 것은 너무나도 많고, 나의 바람에 어긋나는 것도 너무나도 많습니다. 따라서 내가 선택하고 계획한 것이 이루어지지 않을 확률은 매우 높습니다. 내 의도와 의사와는 무관하게 완전히 와해되어 버릴 수도 있지요. 이럴 때 다시는 일어설 수 없을 것 같은 무력감이 들고, 내 인생에 이제 길은 없는 것 같은 생각이 들기도 합니다. '실패'와 '패배'라는 단어만이 머릿속을 지배합니다. 마치 인생 전체가, 삶 전체가 끝나 버리기라도 한 듯, 아무것도 의미가 없다며 삶 자체를 회의하는 진짜 인생실패자가 되기도 합니다. 참으로 안타까운 일입니다. 이때 인생은 곡선이라는 사실을 떠올려 보세요. 목표를 설정하고 그 목표를 위해 계획을 세우고, 그 계획대로 하나하나 단계를 밟아가서 결국 그 목표에 도달해야만 제대로 사는 것은 아닙니다. 목적한 바에 도달하지 못했기에 실패라는 생각이나, 목적한 바를 거침없이 이루었으나 허무감에 사로잡혀 실패라고 생각하는 것은, 인생이 곡선이라는 사실을 간과하기 때문입니다.

우리 인생은 곡선입니다. 가다가 돌부리에 걸려 넘어지기도 하고, 길이 없으면 길을 만들기도 하고, 난관에 부딪히면 다시 돌아가기도 하고, 가다가 마음이 변해서 다른 길을 가기도 하고, 가다가 쉬기도 하는, 이리저리 왔다 갔다 하는 것이 삶이요 인생입니다. 목표를 이리저리 달리 설정해 보기도 하고, 목표를 추구하는 방식도 이것저것 다양하게 시험해 보기도 하고, 혼자 힘으로 어려우면 도움을 청하기도 하고, 그러다가 지치면 원기가 회복될 때까지 기다리기도 합니다. 인생을 이렇게 곡선으로 받아들이면 '실패'나 '패배'라는 단어가 떠올려지는 순간이 와도, '아니지, 잠시 쉬었다가 가는 거지. 기

내 삶의 길을 누구에게 묻는가?

운을 차린 후에 다시 또 걸어가면 되지' 하고 생각하게 됩니다. 실제로 충전의 시간을 충분히 가지면서 돌부리를 없애는 방법이나 다른 길을 찾아보거나 목적지를 바꾸거나 하는 등을 고민한 후, 다시 걸어가면 그만입니다. 머리를 싸매고 좌절하거나 자책하면서 자신을 고강도 스트레스와 노이로제 상태로 몰고 갈 아무런 이유가 없습니다. 개구리가 파리를 잡을 때, 한두 번 시도하고 놓쳤다고 드러누워 푸념하고 불평하던가요? '나는 실패 개구리야'라면서 좌절하고 신경쇠약에 걸리던가요? 누구라도 장애물을 만나고 넘어집니다. 그때 우리가 개구리보다 못한 대처를 한다면 그것보다 자존심 상하는 일은 없을 것입니다.

그런 장애물을 아예 만나지 않으면 좋겠다구요? 꽃길만 가면 좋겠다구요? 그것은 불가능한 것을 원하는 것입니다. 누구에게나 장애물은 있게 마련입니다. 그것이 물리적이든 심적이든 간에 말입니다. 그 당연한 장애물을 어떻게 극복하고 활용할지를 고민하지 않는 것이 오히려 당연하지 않습니다. 누군가에게 일어나는 일은 내게도 일어날 수 있는 법입니다. 거기서 나만 예외가 되어야 한다는 생각은 오만입니다. 내 앞에 그 어떤 장애물도 없고 꽃길만이 펼쳐지기를 바라지 않는 것은 그 오만에서 벗어났다는 증거겠네요. 물론 우리의 곡선 인생에서 잊지 말아야 할 점은, 이리저리 유랑할지라도 그 발걸음 자체를 완전히 멈추지는 말아야 한다는 것입니다. 완전히 멈춘다는

| 프랭크 브램리, 〈희망 없는 새벽〉

우리 인생은 곡선입니다. 가다가 돌부리에 걸려 넘어지기도 하고, 길이 없으면 길을 만들기도 하고, 난관에 부딪히면 다시 돌아가기도 하고, 가다가 마음이 변해서 다른 길을 가기도 하고, 가다가 쉬기도 하는, 이리저리 왔다 갔다 하는 것이 삶이요 인생입니다.

것은 곧 더 이상 살지 않겠다는 것과 마찬가지이니까요.

만일 고민이 길어지고, 그래서 긴 휴식이 필요하면 길게 휴식하면 됩니다. 그런데 우리는 너무나도 조급하고 성급합니다. 그 조급함이 '내가 이런 목표를 세웠으니 그대로 시행되어야 하고, 그 과정은 일사천리로 진행되어야 한다'며 우리를 몰아세워요. 혹은 '아직도 목표를 세우지 않았어? 남들은 벌써 저만큼 가고 있는데?'라며 무언가 잘못되었다는 시선을 보내기도 하지요. '인생은 계획이고 실행이며, 거기서 한 치라도 어긋나지 말아야 한다'는 강박 때문입니다. 그럴 필요가 전혀 없는데 말입니다. 물론 삶의 계획은 필요하지요. 하지만 그 계획이 꼭 일사천리로 진행되어야 한다고 맹신할 필요는 없습니다. 길을 잘못 들었다고 불평할 이유도, 실패했다고 좌절할 필요도, 낙담에 빠질 합리적 근거도 없습니다. 잠시 쉬었다 가도 괜찮습니다. 때로는 길게 휴식을 가져도 괜찮습니다. 그것이 나를 위한 일이라면 말입니다. 나는 내게 그 무엇보다 소중하니까요.

우울한 자존심,
유쾌한 자존감

진짜 자존심과 가짜 자존심을 구별할 수 있나요? 진짜는 명랑하고, 가짜는 우울합니다. 진짜는 편하고, 가짜는 불편합니다. 진짜는 공격도 방어도 하지 않으니 한가하고, 가짜는 공격과 방어를 하느라 바쁩니다. 진짜는 개방된 자기 사랑이고, 가짜는 폐쇄적인 자기 사랑입니다.

가짜 자존심, 그 우울한 자존심은 맹목적인 자기애에서 나옵니다. 맹목이라는 말처럼 그런 자기 사랑은 눈이 멀어 있습니다. 오로지 자신에게만 집중하고 자신에게만 집착합니다. 그래서 자신의 성 안에 갇히기 쉽습니다. 우물 안 개구리처럼 좁고 꽉 막힌 공간이 세상 전부인 양 으스대지요. 우물 안 개구리의 좁은 시야로 자신이 우물 안에 갇혀 살고 있음을 깨닫지 못합니다. 당연히 좁은 식견과 편협한 마음이 활개를 칩니다. 게다가 우물 속 자신의 성을 무슨 일이 있어도 지키려는 방어적 태도도 생깁니다. 그러다가 작디작은 무언가가 하나 날아오기라도 하면 공격 성향도 발휘되지요. 그 방어와 공격이 실패하면 패배감과 우울이라는 늪에 빠져 버립니다. 거기에 배타적 태도도 추가되어 수긍을 꺾임으로, 인정을 굴복으로, 겸양을 수치로 여깁니다. 아무것도 아닌 일도 마치 그것이 자신의 존재 자체에 대한 검증인 양, 가뜩이나 예민한 촉각을 곤추세워 대응합니다. 그러니 그는 한편으로는 방어하면서 다른 한편으로는 공격하는 태세로 살아가게 됩니다. 이 얼마나 피곤한 삶입니까? 자기도 피곤하고 세상도 피곤하게 만듭니다. 이런 우울한 자존심은 자기 자신에 대한 좋지 못한 사랑입니다.

반면 유쾌한 자존감은 다릅니다. 이는 자기 존재에 대한 존중이자 사랑입니다. 이 세상의 어느 누구도 아닌 바로 '나'라는 의식, '이런 나이기에 자랑스럽고 내게 가장 귀한 보물'이라는 의식, 나 자신을 그 무엇과도 바꾸지 않으려는 의식입니다. 유쾌한 자존감은 이렇듯 자신의 실제 모습에 대한 진지한 긍정에서 나옵니다. 자신이 되고 싶은 이상적인 모습에 대한 긍정이 아니라 현재 모습 그대로를 받아들이고 '나는 이렇게 이런 모습으로 사는 사람입니다'라고 시인

하는, 당당하고 자랑스러운 긍정입니다. 부족하면 부족한 대로, 뛰어나면 뛰어난 대로, 건강하면 건강한 대로, 병이 들면 병든 대로, 자신의 모든 것을 총체적으로 시인합니다. 이런 자존감은 개방적이기도 합니다. 마음을 열고서 다가오는 것들을 맞이합니다. 그것들을 저항해야 하는 것이 아니라, 자신을 성장시키는 원동력으로 삼습니다. 이런 유쾌한 자존감에는 우울한 자존심에서 보이는 피곤증이 없습니다. 오히려 경쾌한 명랑성이 깃듭니다. 방어와 공격 대신에 시인과 개방이, 좁음과 편협 대신에 생산적인 포용력이 자리를 잡습니다. 그러니 자신의 부족함을 알아차리고 고개를 끄덕일 준비가 되어 있습니다. 그 부족함이 스스로 만들어 낸 자기 자신의 산물임도 부정하지 않습니다. 그래서 심리적 피난처나 구실을 찾는 궁색한 정당화도 하지 않습니다. 실패의 고통도 알을 깨고 나오는 통증으로, 자신을 성장시키는 것으로 생각합니다. 그래서 자신을 방어하면서 실패하지 않으려 애쓰는 충동이 아니라, 자신을 열어 놓고 실패의 위험에 당당히 맞서는 개방적이고 능동적인 자존감이 만개합니다. 이런 자기 사랑은 유쾌하고 명랑합니다. 자신도 행복하게 하고 남도 즐겁게 합니다.

유쾌한 자존감이 있으면 질투나 시기도 선택하지 않게 됩니다. 질투와 시기는 우리를 불행의 늪으로 빠뜨리기 쉽습니다. 자신이 갖고 있는 것에서 즐거움을 얻는 대신, 다른 사람이 갖고 있는 것을 보면서 괴로워하기 때문입니다. 그 사실을 잘 알면서도 우리는 그 함정에 빠지곤 합니다. 평범한 우리뿐만 아니라, 뛰어난 업적을 남긴 위인도, 심지어는 천재들도 여기서 완전히 자유롭지 않습니다.

독일의 철학자이자 수학자로 미적분을 창시한 라이프니츠와 네덜란드 물리학자이자 천문학자로 빛의 파동이론과 동역학에 크게 공헌한 호이겐스도 마찬가지였습니다. 그 두 천재가 또 다른 천재인 뉴턴에게 질투와 시기 어린 마음을 가진 모양입니다. "뉴턴과 같은 천재가 이성을 잃고 정신이 흐려졌다네요. 쯧쯧"이라는 내용의 편지를 주고받았더랍니다. 실제로 뉴턴이 몇 가지 평범하지 않은 행동을 한 것은 사실이지만, 편지 내용에 걸맞게 이성을 상실했다거나 정신 이상 상태를 보인 것은 결코 아니었거든요. 하지만 두 사람의 질투심이 사실을 왜곡하고 비방하는 편지를 주고받게 한 것입니다. 질투와 시기 앞에 우리 인간이 얼마나 미약한지를 다시 한 번 느끼게 됩니다. 하지만 유쾌한 자존감을 갖추고, 내게 있는 것에 감사할 줄 알면 이러한 함정에 빠지지는 않겠지요? 이런 힘을 갖는 유쾌한 자존감이 바로 진짜 자존심입니다.

나는 옆 사람에게
어떤 존재인가?

어떤 제자가 석가모니 부처에게 묻습니다. "사람들은 누구나 행복을 바랍니다. 으뜸가는 행복은 무엇일까요?" 석가모니 부처의 대답은 이렇습니다. "어리석은 사람을 가까이하지 말고 어진 사람과 가까이 지내며 존경할 만한 사람을 존경하라. 이것이 더없는 행복이니." 어려운 불교용어 하나 없이 불교의 정수를 알려 주는《숫타니파타》에 나오는 장면입니다. 우리는 관계 속 존재라고 했습니다. 그리고 관계를 통해서 서로가 서로에게 영향을 미치며 살아갑니다. '친구 따라 강남 간다'는 말은 이 경우에도 적용됩니다. 어진 사람과 어울리면 알게 모르게 나도 어진 사람이 되고, 어리석은 사람과 어울리면 나도 모르는 사이에 어리석음이 내 안에 자리하게 됩니다. 그러니 어떤 사람을 내 주변에 놓느냐는 매우 중요한 일입니다. '내 옆 사람이 모두 그렇다 쳐도 나만 흔들리지 않으면 되지'라는 자신감은 물론 좋지만, 주변의 영향을 완전히 차단할 정도로 내면이 단단한 사람은 드물지요. 가랑비에 옷 젖는 줄 모른다고, 우리는 어느새 촉촉이 그 영향에 젖게 됩니다. 어리석음이 보이면 내가 그것을 고쳐 주면 된다구요? 정말 좋은 생각입니다. 단, 그럴 수 있을 정도로 내 내면이 강해야 하고, 상대의 내면도 강해야 합니다. 나의 어리석음을 알려주는 친구의 마음을 헤아리고 고마워할 줄 알아야 하기 때문입니다. 대부분은 나의 치부를 드러내고 뼈아픈 비판을 가하는 친구를 멀리하게 되거든요. 혹은 그런 일이 생길까 두려워 아무것도 하지 않는 친구가 되어 버리기도 합니다.

위의 말씀 중에 '존경할 만한 사람을 존경하라'도 있었습니다. 내가 존경할 만하다고 평가하는 사람을 인정하고 존중하고 대우해 주는 것. 누구라도 당연하다고 할 것입니다. 하지만 실제로 그렇게 하지 않는 사람도 많습니다. 훌륭한 업적을 보이거나, 뛰어난 인품을 보여 주거나, 깊은 마음으로 사는 사람을 보면서, 그들을 존중하고 배우려는 마음 대신 흠집을 내려고 합니다. 무언가 꼬투리를 잡으려고 합니다. 삐딱한 시선을 보내기도 하고 시기와 질투를 합니다. 그것은 내가 못났기 때문입니다. 존경할 만한 사람이 한 명도 없다구요? 그것도 내게 문제가 있기 때문입니다. 모든 면에서 완벽하여 존중받는 사람은 한 사람도 없을 것입니다. 인간은 완전이나 완벽과는 거리가 먼 유한한 존재니까요. 하지만 존중받을 만한 점 한두 가지 정도는 누구라도 갖고 있습니다. 아주 많이 갖추고 있는 사람도 있지요. 그것들을 보지 못하는 것은 내 마음의 눈이 좋지 않기 때문입니다.

'존경할 만한 사람을 존경하라'는 말에서 우리가 특히 주목해야 할 점이 두 가지 더 있습니다. 하나는 내 주변에서 존경할 만한 사람을 찾기 전에, 먼저 '나는 과연 존경받을 만한 사람인지'를 체크하라는 것입니다. 지혜로운 사람이나 존경할 만한 사람을 외부에서 찾는 것도 좋지만, 내가 그런 사람이 되는 것은 더 좋은 일이거든요. 그래야 나 자신은 물론이거니와 타인에게도 작디작은 보탬이라도 될 수 있지 않을까요? 우리가 주목해야 할 다른 하나는 지혜로운 사람이나 존경할 만한 사람을 찾은 후에, 그들을 보고 배우는 것이야말로 내게 정말 유용한 일이라는 것입니다. 그것은 원숭이가 하는 단순한 흉내 내기도, 자존심 상하는 굴욕적 따라 하기도 아닙니다. 오히려 더 나은 나를 만들려는 자기 사랑에서 나오는, 적극적이고도 능동적인 행위입니다. 이런 모방은 나를 위한 훌륭한 선택입니다.

약이 되는 비교,
독이 되는 비교

올림픽 경기 시상대에서 가끔 흥미로운 장면이 목격됩니다. 금메달과 은메달과 동메달을 딴 선수들 중에서 가장 행복한 표정을 보이는 사람은 물론 금메달을 딴 선수입니다. 그다음으로 행복해 보이는 선수는 동메달을 딴 선수입니다. 여기서 두 가지 질문을 해보겠습니다. 첫 번째 질문입니다. 은메달을 딴 선수보다 동메달을 딴 선수가 더 즐거워하는 이유는 무엇일까요? 은메달을 딴 선수는 금메달을 딴 선수와 자신을 비교해서 자신에게 만족하지 못하고, 동메달을 딴 선수는 아무 메달도 따지 못한 선수와 자신을 비교해서 자신에게 만족하기 때문일까요? 아니면 은메달을 딴 선수는 금메달을 목에 건 자신의 가상 모습과 비교해서 실망하고, 동메달을 딴 선수는 시상대에 서지 못한 자신의 가상 모습과 비교해서 만족하는 것일까요? 달리 말하면 타인과의 비교일까요, 자기 자신과의 비교일까요? 두 번째 질문입니다. 은메달을 딴 선수의 즐겁지 않은 표정과 동메달을 딴 선수의 즐거운 표정은 비교에도 차이가 있음을 알려 줍니다. 그 차이는 어디에서 오는 것일까요? 동메달을 딴 선수의 긍정적 비교와 은메달을 딴 선수의 부정적 비교의 차이일까요? 물이 반쯤 차 있는 컵을 보면서 '아직도 반이나 남았네'라는 긍정적인 인식과 '반밖에 안 남았네'라는 부정적인 인식의 차이처럼요?

진정한 의미의 비교는 타인과의 비교라기보다는 자기 자신과의 비교입니다. 그것도 현실화되지는 않았지만 마음속에 그리는 '가상의 나'와의 비교입니다. 마치 은메달을 딴 선수가 금메달을 목에 건 자신의 모습과 비교하고, 동메달을 딴 선수가 어떤 메달도 목에 걸지 않은 자신의 모습과 비교하는 것처럼 말이지요. 엄밀히 말하면 지금 실현되지 않은 '가상의 나'와 '현실의 나'를 비교하는 것입니다. 그런데 우리는 비교를 타인과의 비교라고만 생각하기 쉽습니다. 금메달을 딴 선수, 메달이 없는 선수, 옆 친구, 옆집 엄마, 이웃 나라 등 끊임없이 내가 아닌 남과 비교하며 그 속에서 열등감이나 우월감을 느끼면서 살아갑니다. 하지만 남과 비교하면서 자책하거나 교만해지는 것은 허상에 속는 것입니다. 이 세상에 존재하는 모든 것은 각자의 존재 의미를 갖습니다. 그래서 서로를 비교할 이유도, 비교해야 할 당위도 없습니다. 길가의 풀 한 포기, 나무 한 그루, 길냥이 한 마리까지 모두가 그저 각자의 방식으로 존재하고, 각자의 방식으로 살아가고 있을 뿐입니다. 거기엔 그 어떤 비교도 필요 없습니다. 그저 그렇게 있고, 그저 그렇게 서로 어우러지면서 살아갈 뿐입니다. 길가의 작은 꽃 한 송이가 화원 속 장미와 자신을 비교할까요? 화원 속 장미와 자신을 바꾸려고 할까요?

자기 자신과 비교하게 되면, 비교는 엄청난 힘을 갖게 됩니다. 비교가 갖는 그 힘의 차이를 긍정적 비교나 부정적 비교의 차이라고 말하기는 어렵습니다. 부정적이든 긍정적이든 힘을 가질 수도, 그렇지 못할 수도 있으니까요. 물론 은메달을 딴 선수의 부정적 비교보다 동메달을 딴 선수의 긍정적 비교가 일시적으로는 더 큰 힘을 가질 수도 있습니다. 시상대 위에 선 두 선수의 표정이 그 증거입니다. 하지만 동메달을 딴 선수가 그 후 더 이상 어떤 동기부여나 노력을 하지 않고 그대로 머물러 있는 반면, 은메달을 딴 선수가 계속 정진하여 다음 기회에 금메달을 목에 건다면요? 분명 동메달을 딴 선수가 긍정적 비교를, 은메달을 딴 선수가 부정적 비교를 했음에도 결과는 이렇게 다를 수 있습니다.

비교의 힘은 긍정적 비교인지 부정적 비교인지에서 나오는 것은 아닙니다. 비교의 힘은 비교가 '가상의 나'와의 비교일 때, 그리고 가상의 내 모습이 나의 현재를 긍정적으로 바꿀 때에만 발휘됩니다. 달리 말하면 내가 그 '가상의 나'라는 그림을 어떻게 활용하는지에 달려 있습니다. 꿈에 그리던 이상적인 모습으로 '가상의 나'를 그린 후에 그 그림을 현실화하려고 노력한다면, 그런 비교는 내게 좋은 약이 됩니다. 은메달을 딴 선수가 금메달을 건 자기 모습을 마음속에 그려 놓고 노력하여 다시 도전하는 경우처럼 말입니다. 물론 그 선수가 '가상의 나'를 붙들고 있으면서 아무런 노력을 기울이지 않는다면, 그의 비교는 약이 아니라 독이 될 뿐입니다. 동메달을 딴 선수가 만든 '가상의 나'는 이상적인 모습은 아니었습니다. 하지만 그런 경우도 약이 될 수 있습니다. 시상대에 오르지 못한 자기 모습을 마음속에 담고서 절치부심하여 분발하는 경우가 그렇습니다. 그럴 때 그의 '가상의 나'는 비록 이상적인 모습은 아니지만, 그에게 긍정적인 힘을 발휘하는 좋은 약이 됩니다. 물론 독이 될 수도 있습니다. 그가 동메달이라는 현실에 안주해 버릴 때에는요.

비교의 힘은 오로지 '가상의 나'와의 비교에서, 그리고 가상의 내 모습을 어떻게 활용하는지의 여부에 달려 있는 것입니다. 이왕이면 약이 되는 비교를 하는 게 좋겠지요?

내 삶의 길을 누구에게 묻는가?

나 홀로 행복?
함께 행복하자!

행복하고 싶은데 세상이 나를 힘들게 한다구요? 그래서 나와 세상이 대립관계에 있다구요? 나는 세상의 한 부분이자, 세상을 구성해가는 한 가지 계기입니다. 세계는 관계세계이고, 나 역시 관계존재라고 했던 것, 기억하지요? 그러니 나와 세상은 결코 대립적이지 않습니다. 관계적 세상은 내 삶을 가능하게 해주고 지탱해 주는 토대이자, 나를 행복하게 만드는 기회이기도 합니다. 그렇다면 내 행복과 타인의 행복은 어떤 관계일까요? 내 행복과 타인의 행복은 무관할까요? 옆 사람이 고통스러워하든 말든, 죽든 말든 나 혼자 행복감을 맘껏 누리면서 살 수 있을까요? 내 친구와 가족과 이웃이 아파하는데, '나는 저러지 않아서 정말 다행이야. 아 행복해!' 하고 좋아할 수 있는 사람은 그리 많지 않습니다. 그렇게 생각하는 사람은 자신은 다른 사람과 무관하게 살 수 있다고 믿는, 인지능력에 문제가 있는 사람이거나 마음을 어디론가 떠나보낸 마음상실자이거나, 사회성의 토대인 공감능력이 결핍된 기계 같은 사람일 것입니다. 마음과 인지능력과 공감능력이 정상이라면, 앞의 상황에서 결코 행복하지 못할 것입니다. 나 홀로 행복을 추구하는 것은 정상적인 경우라면 이렇게 어렵습니다.

그런데도 우리 주변에는 나 홀로 행복을 추구하는 것처럼 보이는 일들이 많이 발생하지요. 사회가 어지러울수록, 도덕과 윤리가 힘을 상실할수록 그런 일은 더 자주 목격됩니다. 하지만 자주 발생한다고 해서 바람직한 것은 아닙니다. 비정상적인 사람들이 많아졌다는 증거에 불과하니까요. 세상이 이런 사람들로 가득 채워진다면, 아마 인류 문명은 종말을 맞이할지도 모릅니다. 문명의 종말은 꼭 핵폭탄이나 생화학무기에 의해서만 도래하는 것은 아니지요. 상상해 보세요. 오로지 자기 혼자만 잘 살겠노라고 설치는 사람들로 가득 찬 세상을요. 그런 곳에서 과연 삶이 가능할까요? 그런 곳에는 거짓과 사기, 약탈과 폭압, 살인과 무력이 판칠 것입니다. 그런 곳에서는 행복은커녕, 생존 자체를 염려하며 하루하루를 투쟁하듯이 살게 될 것입니다. 인류의 수명도 짧아질 것이고, 새로운 탄생도 어려워질 것입니다. 사회사상가 홉스가 말했던 '만인이 만인에게 늑대^{homo} homini lupus est'인 상태보다도 더 야만적인 상태가 도래할 것입니다. 인류 종말도 가시화되겠네요.

다행히도 우리는 정상적인 사람들이고, 정상으로 살고 싶어 합니다. 그래서 여전히 이 세상에 희망이 있는지도 모릅니다. 하지만 가끔씩 우리 마음속 벌레는 오로지 나만을 위해 살라고 속삭일 때가 있어요. 그래야 돈을 더 벌고, 사회적 지위가 높아지고, 권력을 갖게 된다는 등의 많은 약속을 남발하면서요. 하지만 그 벌레가 결코 약속하지 못하는 한 가지가 바로 행복입니다. 돈과 명예와 지위와 권력은 벌레에게 잠식당한 사람에게는 독이 될 뿐입니다. 인간임을 내어 주고 그것에 집착합니다. 집착하니 자유롭지도 않습니다. 벌레에게 계속 조종당할 뿐입니다. 마치 끈으로 조종당하는 마리오네트 인형이나 판단력을 상실한 좀비처럼 말이지요. 마음을 환하게 밝혀 주는 충일과 충만의 빛은 더 이상 기대할 수 없습니다. 너무나 안타까운 일입니다. 마음속 벌레가 우리에게 속삭일 때, '나는 사람이고 싶다'라고 외치세요. '다른 사람이 모두 울고 있을 때 나 혼자 웃지 않겠다'라고 외치세요. 왜냐하면 나는 모두가 행복하기를 소망하는 고귀한 존재니까요.

3장.

행복하고
싶으세요?

선택이
나를 만든다

나를 만드는 것은 무엇일까요? 나의 상당 부분은 바로 내 선택의 결과입니다. 우리는 늘 이런저런 크고 작은 선택을 합니다. 음식을 먹을 때도, 친구를 사귈 때도, 공부를 할 때도, 직업을 가질 때도 선택을 하지요. 우리의 삶 자체가 끊임없는 선택의 과정이라고 말할 수 있을 정도로 말입니다. 그런데 우리는 무엇을 먹고 무엇을 입을지에 관한 소소한 선택보다는 인생이 결정될 것 같은 중대한 선택에 직면했을 때 무척 불안해합니다. 이것이 올바른 선택인지 아닌지 확신이 서지 않기 때문입니다. 음식이야 잘못 선택했다고 해도 먹지 않으면 그만이지만, 전공이나 직업에 관한 선택은 번복하거나 철회하기가 그리 간단치 않습니다. 그래서 올바르게 선택해야 한다는 생각이 더 강해지고, 그런 만큼 불안감도 커집니다. 때로는 너무나 불안해서 스스로 선택하지 못하고, 타인의 결정에 따르기를 선택해 버리기도 합니다.

그런데 올바른 선택이라는 것이 있을까요? 있다면 어떤 것일까요? 올바른 선택의 기준은 단 하나, '그것이 과연 나를 행복하게, 잘 살게 하는 것인가'입니다. 앞에서 매일 자신의 민낯을 들여다보라고 했지요. 진짜 욕구와 가짜 욕구를 구별해야 한다고도 했습니다. 그 과정을 거치면 어느 정도 행복에 이르는 자신만의 길을 찾게 됩니다. 그러면 선택도 잘할 수 있습니다.

그런데 나를 행복하게 할 것 같아 선택했는데 결과가 그 반대로 나올 수도 있습니다. 그래도 우리는 '나를 위한'이라는 동기를 포기해서는 안 됩니다. 결과에는 우연이 끼어들 여지가 많지만, '나를 위한'이라는 동기는 그렇지 않거든요. 그래도 결과를 어느 정도 예측하는 것이 선택을 위해 필요하다구요? 물론입니다. 하지만 무언가를 선택할 당시의 나는 알 수 없습니다. 그것이 총체적으로 어떤 결과를 초래하는지를 말입니다. 우리는 모든 결과를 미리 예견할 수 없습니다. 내가 지금 알 수 있는 것은 한 치 앞의 결과에 불과합니다. 그것도 확률적인 결과일 뿐, 백 퍼센트 확실하게 보장할 수는 없지요. 예를 들어, 법을 공부하기로 선택했지만 그 선택이 오히려 나를

내 삶의 길을 누구에게 묻는가?

법으로부터 멀어지게 만들 수도 있습니다. 법에 회의가 들거나 법을 공부하다 보니 철학에 관심이 생길 수도 있습니다. 그러다가 30년쯤 후에 다시 법률가로 돌아올 수도 있습니다. 지금의 내가 30년 후의 일을 어떻게 확실히 알 수 있겠습니까? 이렇듯 선택할 때 고려하는 결과는 불확실한 것입니다. 그러니 결과를 고려하여 선택하기보다는 '내 행복을 위해서'라는 동기에 합당한가를 따져 선택하는 것이 더 낫습니다.

자신을 위한 선택, 이것은 자기결정권을 인정하는 것입니다. 자신이 그런 선택을 할 수 있는 자유로운 존재라는 것을 인정하는 것이지요. 자유로운 선택이기에 그 선택에 대한 책임도 스스로 져야 한다는 점도 인정합니다. 그래서 남 탓을 하지 않습니다. "엄마가 그 대학에 가면 인생이 편할 거라고 했잖아. 엄마가 내 인생을 망쳤어"라고 말하지 않습니다. 남 탓은 잘못된 자기위로 방식입니다. 엄밀히 말하면 그것은 책임을 남에게 전가해서 자기 마음만 편하려는 부끄러운 심보입니다. 게다가 자신이 자유로운 존재이고 선택의 주체이자 책임의 주체라는 점을 포기하는 것이나 마찬가지입니다. 자유롭게 선택하고 책임질 줄 알기에 존엄한 존재인 것이 인간이라는 점을 생각하면, 그것은 인간이기를 스스로 거부하는 것이기도 합니다.

행복할 권리,
하지만 행복이
인생의 최고 목표는
아닙니다

'행복하고 싶으세요?' 모두가 고개를 끄덕일 것입니다. '그러면 행복하세요?' 아마도 대부분은 고개를 가로저을 것입니다. 이렇듯 행복이란 모두가 추구하지만, 누구라도 얻을 수 있는 것은 아니라는 생각이 듭니다. 하지만 이 짧은 인생을 불행한 의식으로 살다가 죽는 것만큼 억울한 일은 없습니다. 행복은 우리의 권리입니다. 누구라도 행복할 권리는 있습니다. 그렇다고 행복을 인생의 최고 목표로 삼을 필요는 없습니다. 그랬다가는 여러 가지 부작용이 생깁니다. 내 행복을 위해 남을 희생시킨다든지, 자연을 파괴한다든지, 행복을 순간의 쾌락과 혼동하여 쾌락주의자가 되어 버린다든지, 행복에 집착한

나머지 아직도 무언가 부족하다면서 스스로를 몰아세우는 일이 생깁니다. 그러면 행복은 오히려 영원히 멀어집니다. 행복은 자연스럽게 따라오는 것이지 무조건적으로 추구해야 하는 집착의 대상은 아닙니다. 그래도 행복은 중요합니다. 행복해지는 것은 권리라고 했지요. 스스로를 행복하게 만드는 것은 자신에 대한 사랑의 표현입니다. 늘 우울하고 자책감에 시달리면서 불행하게 하루하루를 보내는 것은 자신에 대한 배반입니다.

행복은 내면의 충일감과 만족이 지속되는 상태라고 했습니다. 마음이 충만하고 즐거워지니 절로 신이 납니다. 그러면 어떻게 해야 이런 상태를 우리 마음에 깃들게 할 수 있을까요? 돈을 많이 갖거나, 좋은 직장을 얻거나, 좋은 집에 살면서 높은 사회적 지위를 얻으면 가능할까요? 그것들이 과연 우리에게 충만한 기쁨을 느끼게 해줄까요? 프리기아의 왕 미다스의 이야기를 들어 봤는지요? 그는 신에게서 소원 한 가지를 들어준다는 약속을 받았습니다. 미다스 왕은 자신의 손이 닿는 모든 것을 황금으로 변하게 해달라고 했지요. 처음에 그는 엄청난 부를 얻을 수 있다는 생각에 무척 기쁘고 행복했습니다. 하지만 그 기쁨은 금세 사라지고, 곧 엄청난 후회와 비탄에 빠지게 됩니다. 마실 수도, 먹을 수도, 누군가를 안을 수도 없게 되어 버렸기 때문입니다. 그가 손을 대는 족족 모든 것이 황금으로 변해 버렸으니까요. 그는 가장 부유한 사람이 되면 가장 행복한 사람이 될 것이라고 생각했지만, 결국 그는 세상에서 가장 불행한 사람이 되어 버리고 맙니다.

　이 이야기는 재물과 성공, 외모와 같은 외적인 조건들이 우리를 행복하게 하지는 못한다는 교훈을 줍니다. (의식주의 기본적 충족은 외적 조건에 넣지 않겠습니다. 그것은 삶의 기본 조건에 속합니다. 이것이 충족되지 않으면 생명유지 자체가 어려워지니까요.) 실제로 우리 주변에서 그런 예들은 무척 많습니다. 많은 사람이 부러워하는 재벌이나 아름다운 연예인이나 성공한 전문가들이 불행해하고 자살하는 경우를 목격하고는 합니다. 왜 그럴까요? 외적인 성공이나 조건들은 단지 행복을 위한 필요조건에 불과하기 때문입니다. 물론 그것들은 삶의 질을 향상시키고 행복감이 들 가능성을 높여 주는 중요한 외적 조건입니다. 하지만 그것이 늘 행복을 보장한다고는 할 수 없습니다.

　그렇다면 무엇이 우리를 행복에 이르게 할까요? 그 길은 결코 하나는 아닐 것입니다. 수많은 철학자들이 제각각 제시하는 다양한 방법만큼이나 말이지요. 하지만 '행복은 자신의 행복이고, 자신만의 행복에 이르는 길이 있다는 것', 이것 하나만큼은 확실합니다. 그 누구의 지침이나 방식도 나의 행복을 보장해 주지는 못합니다. 그러니 내가 행복해지기 위한 충분조건은 나 스스로 찾아야 합니다. 그러려면 나를 먼저 잘 알아야 합니다. 나는 어떤 사람이며, 무엇을 할 때 즐거워하며, 어떤 사람이 되고자 하는지 말이죠. 그러면 길이 보

　내 삶의 길을 누구에게 묻는가?

입니다. 내가 그림을 그릴 때 즐거워하는 사람이라면 그림을 그리면 되고, 자전거를 타면서 즐거워진다면 자전거를 타면 되는 것이지요. 남들은 죽어라 공부하는 시간에 나 혼자 자전거를 타면 뒤처지지 않느냐구요? 무엇을 판단 기준으로 삼는지에 따라 이에 대한 대답은 달라질 것입니다. 모의고사 등수나 대학 합격을 척도로 삼는다면 뒤처진다고 말할 수 있습니다. 하지만 내면의 충일감과 행복감을 척도로 삼는다면 대답은 달라질 수도 있지요. 그러니 중요한 것은 내가 진정 원하는 것이 무엇인지를 살피는 것입니다. 대학 합격을 진정으로 원하고 그런 종류의 성공이나 성취감이 들 때에 마음에 충만함이 깃든다면, 당신은 당신의 행복의 길을 찾은 겁니다.

이렇게 말하면 분명 정색하는 분들이 주변에 있을 거예요. 하고 싶은 일, 즐거운 일만 하면서 어떻게 사느냐고 말이죠. 물론 우리는 하고 싶지 않은 일도, 즐겁지 않은 일도 하고 살아야 합니다. 나 혼자 사는 세상이 아니니까요. 그래서 조율을 해야 할 때도 있고, 공공의 이익을 위해 사적 관심을 잠시 내려놓아야 할 때도 있습니다. 그렇게 해야 하는 경우가 아주 많을 수도 있습니다. 하지만 내가 하고 싶은 일 하나 정도는 해도 됩니다. 아니, 하나만큼은 꼭 하기를 바랍니다. 그것이 '내 삶에서 가장 중요한', '내가 그 어떤 대가를 치르더라도 꼭 하고 싶은', '그것이 없으면 결코 내가 행복해질 수 없는' 것이라면 말이죠. 그것만큼은 양보하지 마세요.

| 로버트 리드, 〈섬머 걸〉

우리는 영원히 살지 않습니다. 죽음은 늘 우리 곁에 있고, 복병처럼 우리를 습격합니다. 그러니 내 삶의 행복을 위해 꼭 필요한 일 하나만큼은 해야 합니다.

우리는 영원히 살지 않습니다. 죽음은 늘 우리 곁에 있고, 복병처럼 우리를 습격합니다. 이런저런 예기치 않은 사건과 사고, 느닷없이 방문하는 질병에 우리는 늘 노출되어 있습니다. 그러니 한 치 앞을 알 수 없는 것이 우리의 삶이라고 말할 수 있지요. '백세시대니 나도 백 살까지 살 것이고, 지금은 십대니 아직도 한참 남았어. 지금은 행복하지 않더라도 나중에 행복해지면 되지' 하고 장담할 수 없습니다. 지금 이 순간 행복해지세요. 지금 이 순간 행복해질 권리가 있습니다. 물론 행복이 집착의 대상이 아니라, 자연스럽게 따라오는 것이라는 점은 이미 알고 있지요?

불행도
행복도
내가 만듭니다

'행복과 불행은 현실 자체가 아니라, 현실에 대한 나의 태도가 결정한다.'

　어디서 많이 들어 본 말일 것입니다. 행복한 사태나 사건이 있는 것이 아니라, 같은 사건이나 사태를 내가 어떻게 느끼고 받아들이는지에 따라 행복해지기도 하고 불행해지기도 한다는 의미입니다. 그래서 우리의 '어떻게'가 중요해집니다. 그 '어떻게'는 우리의 선택입니다. 같은 사태를 어떻게 보려고 하는지의 선택 말입니다. 예를 들면 긍정적으로 보려는 선택, 혹은 부정적으로 보려는 선택 같은 것이지요. 물이 반쯤 차 있는 컵을 보면서, '아직도 컵에 물이 반이나 남았네' 하고 생각하거나 '컵에 물이 반밖에 남지 않았어' 하고 생각하는 것은 결국 우리의 선택입니다. '나는 이 사태를 이런 방식으로 보겠다'는 선택인 것이지요. 열심히 공부했지만 원하는 대학에 진학하지 못한 경우도 마찬가지입니다. 어떤 사람은 실패했다며 고개를 푹 떨구고 어깨를 움츠리고는 사람들의 눈을 피합니다. 어떤 사람은 '나는 최선을 다했고, 이 결과를 받아들일 거야. 최선을 다했으니 실패한 것은 아니야. 또 다른 기회를 만들면 돼' 하고 생각합니다. 같은 고난을 겪은 두 사람의 대응방식이 다른 것은 어떻게 받아들이기로 선택했느냐의 차이입니다. 이렇듯 행복과 불행의 감정은 결국 나의 선택입니다. 그러니 내가 만든 것이지요.

탐욕이나 증오, 분노, 번민 등의 감정도 내 안에서 나오는, 내가 선택한 것입니다. 내가 끝없이 욕심을 부리기로 선택한 것이고, 미워하고 또 미워하기로 선택한 것이며, 훌훌 털어 버리지 않고 계속 붙들고 있기로 선택한 것입니다. 소소한 일상의 예를 하나 들어 볼까요. 오늘 아침 늦잠을 잤습니다. 깜짝 놀라 벌떡 일어나서 대뜸 소리를 지릅니다. "왜 안 깨웠어, 왜? 엄마 때문에 늦었잖아. 책임져"라며 화를 내고, 주먹밥을 황급히 입에 넣어 주려는 엄마의 손길을 외면한 채 툴툴거리며 학교로 갑니다. 이 짜증은 어디서 온 것일까요? 내 안에서 온 것이지요. 내가 짜증을 내기로 선택한 것입니다. 짜증은 감정이니 선택의 대상이 아니라구요? 앞에서도 말했듯이 우리는 감정도 선택할 수 있습니다. 감정조절이라는 것이 있습니다. 감정도 훈련과 교육을 통해 통제하고 제어할 수 있다는 전제하에 명상법이나 호흡법, 연상법 등의 과정이 동원됩니다. 굳이 이런 거창한 방법을 들먹이지 않아도, 짜증이 날 때 크게 한번 숨을 쉬거나 먼 산을 바라보며 십 초만이라도 가만히 있으면 짜증이 어느 정도 잦아드는 것을 경험할 수 있습니다. 이렇듯 짜증이라는 감정도 조절이 가능합니다. 이는 곧 내가 짜증을 낼 것인가, 내지 않을 것인가를 선택하는 일이 가능하다는 말입니다. 만일 내 감정을 내가 조절할 수 없다면, 그것은 스스로를 한갓 짐승처럼 생각한다는 말과 다를 바가 없습니다. 자존심이 상하는 상황입니다. 우리는 생각도 선택할 수 있고, 감정도 선택할 수 있습니다. 내 안에서 나오는 모든 것을 선택할 수 있습니다. 인간은 이렇게 대단한 존재입니다.

그렇다면 어떤 선택이 행복에 도움이 될까요? 가장 기본이자 중요한 것은 '나는 행복하게 살기를, 제대로 잘 살기를 원해. 그래서 그렇게 되도록 노력할 거야'라는 선택입니다. 그 선택을 하게 되면, 매 순간 묻게 될 것입니다. 지금의 이 감정과 생각이 과연 도움이 될지를 말입니다. 그러면 좀 더 신중하고 진지한 선택을 하게 되겠지요. 내 삶의 각 계기, 거기서 마주치는 다양한 사건이나 사태들도 그렇게 평가하게 될 것입니다. 이렇게 행복하고도 잘 사는 삶을 의식하면서 그렇게 되기를 원하고 그렇게 되기를 선택하는 삶이야말로, 내가 내 삶의 주체이자 주인이라는 점을 보여 주는 단적인 증거입니다. 거기서의 행복은 행운이나 천운의 형태로 주어지는 것이 아니라, 내가 능동적으로 만들어 가는 행복입니다. 반면에 이런 선택도 있습니다. '행복해지든 불행해지든 관심 없어. 나는 아무 생각 없이 살다가 죽을 거야. 행복해지면 좋고, 불행해져도 할 수 없지.' 이런 선택은 자신의 삶에 대한 배반입니다. 자신이 주인이 되어 능동적으로 공들여 만들어 가는 삶을 살지 않겠다고 하기 때문입니다. 그러한 삶은 자기 삶이 아닙니다. 누군가가 대신 살아 주는 것이지요. 그러니 행복도 불행도 그에게는 그저 우연일 뿐입니다. 행복은 오면 좋고 안 오면 그만인 그런 대상에 불과합니다. 요행으로 행복할 만한 상황이 찾아왔더라도 그는 그것의 가치를 모를 것이고, 그의 삶에 아무런 영향을 끼치지 못합니다.

하지만 아무리 행복과 불행이 내 선택이라고 해도, 그것은 찰나입니다. 지속적이지 않아요. 마음속 행복과 불행은 다 한때입니다. 달리 말해 한 찰나에 마음에 나타났다가 한 찰나에 마음에서 사라집니다. 앞에서 변하지 않는 것은 하나도 없다고 했었지요. 불가의 용어로는 '무상無常'이라고 합니다. 내 마음속 행복과 불행도 마찬가지입니다. 그러니 한번 행복했다고 해서 그대로 지속될 수는 없습니다. 계속 행복하려면 부단한 노력이 동반되어야 합니다. 과거의 행복했던 순간에 매달려 그 순간만을 지속시키려 하는 것은 헛된 일입니다. 불행도 마찬가지입니다. 끝날 것 같지 않던 아픔도 어느 순간 사라집니다. 불행하다고 느끼는 순간도 지나가는 것이지요. 그러니 과거의 불행했던 순간을 끌어안고 계속 불행한 채 지내는 것도 헛된 일입니다.

행복하기를 원하세요? 그러면 선택하세요, 행복하기를. 그리고 매일 아침 거울을 보면서 말해 보세요. '오늘은 행복하기 위해 무엇을 해볼까?' 이 질문이 '나와 타인이 '함께'하는 행복을 위해 오늘은 무엇을 해볼까?'를 의미한다는 것은 다시 강조하지 않아도 알지요?

불필요한
고통을 줄이자

고통을 좋아하는 사람은 없습니다. 고통은 피할 수만 있다면 피하고 싶은 것입니다. '아픈 만큼 성숙해진다'는 말이 있지만, '성숙하지 않아도 좋으니 아프지 않았으면 좋겠다'는 것이 우리의 솔직한 심정입니다. 그만큼 고통은 회피대상 1호입니다. 하지만 삶은 결코 우리를 편하게 놔두지는 않아요. 매 순간 이런저런 고난에 부딪히고 이런저런 일로 아파하면서 사는 게 오히려 정상입니다. 그렇다면 피할 수 없는 고통은 어떻게 해야 하지요? 나의 성장을 위한 기제로 삼아 버리면 그만입니다. 그런데 고통을 그렇게 긍정적이면서도 적극적인 기제로 삼는다는 것은 어려운 일입니다. 그래서 방법이 필요하지요.

왜 고통이 생기는지를 먼저 생각해 볼까요. 그것은 우리가 살아 있기 때문입니다. 그것도 생물학적 생명 유지가 아니라, 무언가를 늘 능동적으로 추구하고 욕망하고 바라면서 살아 있기 때문입니다. 그런 삶이야말로 생명력이 꿈틀거리는, 그 생명력이 성장으로 인도하는 삶입니다. 그런데 무언가를 바라고 소망하는 것은 우리에게 바로 그 무언가가 결여되어 있다는 방증이기도 합니다. 그래서 바라고 소망하는 한, 우리는 늘 불만족 상태에 있습니다. 이러한 불만족이 이미 우리를 불편하고 고통스럽게 만듭니다. 이렇듯 우리가 무언가를 바라고 추구하는 것 자체가, 넓게 말해 의지의 활동 자체가 이미 고통의 시작이라고 할 수 있습니다. 그렇다고 의지의 활동을 멈추는 것이 능사일까요? 물론 일체의 욕구와 바람 자체를 내려놓는 무념무상의 상태도 고통을 줄이는 한 가지 방식일 수는 있습니다. 하지만 정말 어렵습니다. 얼마나 어려우면 불가에서 이를 위해 평생에 걸쳐 수련하겠습니까?

우리는 아주 평범한 사람들입니다. 우리가 할 수 있는 방법을 찾아야 합니다. 그것은 바로 의지의 활동, 의지의 불만족이야말로 내 성장과 발전을 위해 필연적임을 '인정'하는 것입니다. 그러면 고통을 더 이상은 피해야 하는 그 무엇으로 여기지 않게 됩니다. 오히려 고통을 정상으로 받아들이게 되지요. 삶의 향상과 발전을 도모하는 한 빼버릴 수 없는 그 무엇으로 말입니다. 그런데 고통이 생기는 이

내 삶의 길을 누구에게 묻는가?

유는 또 있지요. 우리가 바라고 원한다고 그대로 이루어지지 않기 때문입니다. 세상이 거대한 관계체이기 때문에 어쩔 수 없는 일입니다. 관계세계에서는 내 뜻대로 다 이뤄 주는 알라딘의 요술램프 마법은 일어나지 않습니다. 이런 점에서도 고통은 삶의 정상적인 계기입니다. 그렇다면 고통을 삶의 정상적인 계기로 인정하는 것이 고통에 대처하는 첫 번째 방식이 되겠습니다. 하지만 그것이 체념하라는 의미는 결코 아닙니다. 체념은 그 앞에서 무릎 꿇고 될 대로 되라며 나가떨어지는 것이지요. 그것은 고통에 대한 패배 선언입니다.

고통에 대처하는 두 번째 방식은 불필요한 고통을 줄이는 것입니다. 내가 너무 많은 것을 바라고 욕구하면서 살아가는 것은 아닌지 되물어 보세요. 그것이 진정 나의 발전을 위한 것인지, 아니면 일시적인 변덕이나 누군가를 추종하는 심리 혹은 외부의 잣대에 맞추려고 생겨난 것은 아닌지를 잘 살펴보세요. 진짜 욕구와 가짜 욕구가 구별될 것입니다. 우리는 너무나도 많은 가짜 욕구를 갖고 있습니다. 그런 가짜 욕구는 버리세요. 욕구의 가짓수가 줄어드는 정도에 따라 고통의 정도도 줄어들 것입니다. 그리스 철학자 에피쿠로스를 아세요? 그는 행복을 $\frac{\text{충족}}{\text{욕망}}$ 이라고 했습니다. 행복지수는 분모의 위치에 있는 욕망이 작을수록, 분자의 위치에 있는 충족이 커질수록 더 높아지겠지요. 그런데 충족은 여러 가지 변수에 의해 영향을 받습니다. 행복지수를 높이기 위해 스스로가 할 수 있는 확실한 일은 내 욕망을 줄이는 것입니다. 에피쿠로스의 이런 제안을 위해서도 가짜 욕구의 수를 줄이는 것은 매우 유용할 것 같습니다. 물론 빵과 물만 있으면 신도 부럽지 않다고 했던 에피쿠로스의 단계에는 결코 미치지 못하겠지만요.

고통에 대처하는 세 번째 방식은 고통에 대한 위험한 정당화를 중단하는 것입니다. 진짜 욕구만 남겨진 상태에서도 고통은 지속됩니다. 우리 욕구와 의지가 만족할 줄 모르기 때문입니다. 이때 우리는 고통에 대한 정당화 기제를 사용하게 됩니다. 가장 흔한 정당화 기제는 '수단과 목적' 구도입니다. 예를 들어 재수를 하는 경우, 재수의 고달픈 시간을 언젠가 목표했던 대학에 들어가는 수단으로 설정하는 것이지요. '찬란한 미래를 위해 이 고달픈 시간은 견뎌야지' 하고 생각하게 됩니다. 사후의 천국을 위해 현실의 고통스런 삶을 견뎌 내야 한다는 것도 마찬가지입니다. 여기서 두 가지 문제가 생깁니다. 첫 번째 문제는 고통스런 계기를 삶의 필연으로 받아들이지 않고 과정적 절차나 수단으로 생각하기에 견뎌야 하고, 하기 싫어도 해야 하고, 어쩔 수 없이 해야만 한다는 심리를 만들지요. 그러면 고통을 감내하기는 하지만, 여전히 억지 긍정입니다. 우리의 심리 상태는 모래 위의 집처럼 아슬아슬합니다. 그 불만이 언제 어디서 어떻게 표출될지는 어느 누구도 모릅니다. 두 번째 문제는 우리가 설정했던 목적 자체가 도달되지 않을 때 발생합니다. 재수를 했지만

| 빈센트 반 고흐, 〈밤의 카페 테라스〉

이른 새벽에 학원으로 나설 때에는 새벽 공기의 신선함을 맛볼 수 있다는 의미를, 지친 몸을 이끄는 늦은 귀갓길에는 세상의 고요를 만끽하는 기회라는 의미를 찾아보세요. 고통스런 그 시간들에서 순간의 의미를 찾아보세요.

원하는 대학에 합격하지 못하게 되면, 그 고통의 시간들이 무의미하게 느껴지게 됩니다. 삶의 특정한 시간들이 의미를 상실하는 것이지요. 이것은 매우 아쉬운 일입니다. 그 시간을 잃어버린 것이나 마찬가지이기 때문입니다. 이런 두 가지 문제를 없애려면 '수단과 목적' 구도라는 정당화 기제를 버리면 됩니다. 그 구도를 벗어던지고 재수의 고통스런 시간에 현재의 의미를 부여해 보세요. 이른 새벽에 학원으로 나설 때에는 새벽 공기의 신선함을 맛볼 수 있다는 의미를, 지친 몸을 이끄는 늦은 귀갓길에는 세상의 고요를 만끽하는 기회라는 의미를 말입니다. 그러면 고통스런 그 시간들이 더 이상 피하고만 싶은, 삶에서 지워 버리고 싶은 계기가 아니게 됩니다. 이것은 고통의 순간에 의미를 부여하는 썩 괜찮은 방식입니다. 고통지수를 낮추는 효율적인 방식입니다. 각자 나름의 방식으로 바로 지금 순간의 의미를 찾아보세요.

좋은 말도
가릴 줄 아는
지혜

그럴듯한 말이 많습니다. '늘 최선을 다하라', '자신감이 중요하다', '희망하고 또 희망하라' 등이 그 예입니다. 이 말대로 하면 성공하고 행복해진다면서요? 하지만 오히려 이런 말들이 함정이 되는 경우도 많습니다.

먼저 '모든 일에 최선을 다하라'는 말은 사람들을 경쟁과 성취로 몰아붙여 불필요한 성취 노이로제로 이끄는 자기파괴적 성향이 있습니다. 뭐든지 최선을 다해야 한다면서 경쟁심을 부추기고 경쟁과 최선을 습관화시켜 결국에는 경쟁이나 최선과는 아무 관계없는 일까지 그 습관이 쉽사리 침투하게 만듭니다. 그런데 경쟁과 최선이

습관화되면 에너지를 지나치게 많이 낭비하게 됩니다. 우리가 살아가면서 하는 대부분의 것들은 죽을힘을 다해서 할 필요는 없는 것들입니다. 그냥 즐겁게 하면 됩니다. 내가 피겨스케이트를 탄다고 해서 김연아 선수처럼 하지 못하는 것이 어떠하며, 요리를 좋아한다고 해서 셰프처럼 하지 못하면 어떻습니까? 게다가 잘해야 한다는 것을 남들보다 나아야 하는 것으로 생각할 필요도 없습니다. 반면 나를 즐겁게 하는 일이나 나에게 중요한 일이라고 판단되는 것만큼은 자부심을 가지고 즐기면 됩니다. '내가 선택한 이 일만큼은 내가 원하는 모습이 되기 위해 중요하다. 그래서 나는 즐겁게 이 일을 한다'는 생각이 들면, 최선을 다하는 것은 저절로 따라옵니다. 그러니 '모든 일에 최선을 다하라' 대신 '나를 즐겁게 하는 일을 즐겨라'가 보다 지혜롭습니다.

'자신감은 삶의 가장 중요한 자산이며 성공과 행복을 보장하는 열쇠다'라는 말이 있지요. 이 말도 위험요소를 안고 있습니다. 그것이 마치 '자신감=성공', '자신감=행복'이라는 등식을 도출해 내는 것처럼 보일 수 있기 때문입니다. 그 등식을 앞에 걸고, 낮은 자신감이 문제라는 시각을 형성시켜 마치 자신감 살리기가 모든 문제해결의 열쇠라도 되는 양 과장을 합니다. 하지만 중요한 것은 자신감 충전이 아니라 능력을 키우는 것입니다. 자신감만으로는 결코 성공이나 행복을 가져올 수 없습니다. 스티브 잡스가 인류의 문화를 바꾼

탁월한 사람이 된 것은 그의 자신감 때문이 아닙니다. 그에게는 실력과 능력이 있었고, 자신감은 거기에 동반된 것입니다. 자신감을 얻고 싶은 분야가 학업이든 업무든 인간관계든 간에 핵심은 같습니다. 먼저 능력을 키우면 자신감은 저절로 생깁니다. 게다가 낮은 자신감보다 헛된 근거 없는 자신감이 문제를 더 많이 일으킬 수도 있습니다. 자기 능력과 힘을 과대평가해서 현실감각을 잃게 하거나, 자신에 대한 허위의식을 형성시켜 헛되고 과한 주장을 하도록 만들기도 하지요. 이런 일은 자기기만일 뿐입니다. 그러니 먼저 스스로를 정확히 파악하고, 능력이 부족하면 능력을, 힘이 부족하면 힘을 키우세요. 어느 순간 근거 있는 자신감의 소유자가 되어 있을 것입니다. 그러면 행복도 따라옵니다.

'희망하라, 또 희망하라'는 말도 마찬가지로 위험할 수 있습니다. 희망이 긍정효과를 가져오는 경우는 희망이 망상이나 파랑새증후군Bluebird syndrome 같은 것이 아닐 경우입니다. 배가 암초에 부딪혔을 때 암초가 아니라 고무풍선이기를 바라는 마음이나, 우연히 눈에 띌 가능성만을 믿고 아무것도 하지 않은 채 구조되기를 바라는 것은 망상에 불과합니다. 구조를 바란다면 그 희망을 위해 스스로 무언가를 해야 합니다. 눈에 띌 가능성을 높이기 위해 조금 더 높은 곳으로 자리를 옮기거나 옷이라도 벗어 흔들어야 합니다. 달리 말하면 희망이라는 것은 현실화될 가능성을 높이는 자신의 노력 없이는 아무것도 아닙니다. 파랑새증후군은 동화극《파랑새》에서, 행복이라는 파랑새를 찾아 여기저기를 배회했지만 아침에 깨어 보니 자기 방 새장 안에 파랑새가 있더라는 줄거리에서 나온 말입니다. 미래의 행복에 관한 몽상에만 빠져 있을 뿐 현재에는 아무런 관심도 보이지 않는 상태를 말합니다. 이러한 증상이 있는 사람은 '지금은 내가 이런 일을 하고 있지만 나는 이런 일을 하고 있을 사람이 아니야. 내 꿈을 펼칠 꿈의 장소는 따로 있어' 하고 생각합니다. 그래서 자신이 있는 곳에서 행복을 찾지도, 찾으려고 하지도 않습니다. 현재 직업에 만족하지 못하고 부유하는 직장인들을 비유하는 말로 많이 사용됩니다만, 헛된 미망에 불과한 것에 빠져 아무것도 하지 않은 채 이리저리 요동치는 심리에 대한 표현이기도 합니다. 파랑새증후군에 빠지면 희망이 삶을 갉아먹는 벌레 같은 것으로 전락해 버립니다.

좋은 말도 독이 될 수 있습니다. 그것들을 가리고 새길 줄 아는 지혜가 필요하겠지요?

외모는 행복에
얼마나 중요할까?

바야흐로 몸의 시대입니다. 몸보다는 마음이 우선이던 시대가 있었습니다. 시대를 반영한다는 대중가요에도 "마음이 고와야 여자지, 얼굴만 예쁘다고 여자냐"라는 노랫말이 있습니다.(남진, 〈마음이 고와야지〉) 아마도 90년대까지 거리에서 이 노래가 흘러나왔던 것 같습니다. 지금은 "엄마가 말했지 / 넌 예쁜 소녀라고 / 머리에 든 건 상관없다고 / 머리를 빗고 이를 고르게 해 / 오로지 중요한 건 네가 뭘 입느냐야"와 같은 노랫말이 흘러나옵니다. 물론 비욘세의 이 노래는 외모지상주의를 비판하려는 의도를 갖고 있지만, 우리의 세태를 잘 표현하고 있습니다. 마음에서 몸으로, 내면에서 외형으로, 정신에서 육체로, 우리 시대의 관심은 이렇게 변해 버렸습니다. 심지어는 '예쁜 여자가 착한 거다'라는 극단적 물리주의 발언이 등장하기도 합니다. 사람의 매력이나 사랑도 마찬가지입니다. 이런 노랫말을 들어 봤을 거예요. "넌 허리가 몇이니? 24요. 힙은? 34요. / 어렸을 때부터 난 눈이 좀 달라. 아무리 예뻐도 뒤에 살이 모자라면 난 눈이 안 가 (…) 허리는 너무 가는데 힙이 커 맞는 바지를 찾기 너무 힘들어 / 앞에서 바라보면 너무 착한데 뒤에서 바라보면 미치겠어 / 널 어쩌면 좋니, 너를 어쩌면 / 널 어쩌면 널 어쩌면 좋니 / 네가 왜 이렇게 좋니 / 머리끝부터 발끝까지 눈을 떼질 못하잖니 / 어머님이 누구니 / 도대체 어떻게 너를 이렇게 키우셨니."(박진영, 〈어머님이 누구니〉)

　마음을 훔치는 것도, 어머니가 키우는 것도, 우리 내면이 아니라 육체에 초점이 맞춰져 있습니다. 이런 노래에 우리는 익숙하고 혹은 열광하기도 합니다. 모두들 육체의 아름다움에 푹 빠져 있습니다. 그러니 외모를 가꾸느라 정신이 없습니다. 내면의 성숙을 위한 밥보다는 외모가 예뻐지는 밥이 더 중요합니다. 아니, 오로지 그것만이 중요합니다. 외모가 경쟁력이고, 외모가 행복을 좌지우지한다고 믿기 때문이지요. 실제로 일정 수준의 외모가 되어야 채용에서 불이익을 받지 않는다고도 하니, 우리들의 행복에 외모가 어느 정도 필요조건 역할을 하는 것은 부정할 수 없습니다. 하지만 외모가 행복의 충분조건이 될 수는 없습니다. 오히려 외모를 중시하는 풍토에 빠져 있는 동안 우리 행복은 점점 더 달아나 버리는 것 같습니다.

여기에는 여러 가지 이유가 있지만, 가장 중요한 것은 우리가 부지불식간에 자기학대를 하면서 행복을 바란다는 아이러니 때문일 것입니다. 외적 아름다움의 추구가 자기학대와 무슨 관계냐구요? 우리 사회를 보세요. 아름다움에 대한 획일적인 표준이 만들어져 있습니다. 매스미디어와 연예기획사와 성형외과의 합작품입니다. 그래서 구별하기조차 어려운 비슷비슷한 몸과 얼굴을 가진 연예인들이 등장합니다. 개성도 없고 그렇다고 눈이 번쩍 뜨이지도 않는 성형미인들. 그들은 그런 표본이 되기 위해 엄청난 자기학대를 합니다. 몸무게를 줄이려 하루 한 번만 식사를 하고, 눈을 크게 찢고 코를 세우고 뼈를 깎고, 몸에서 지방을 강제로 추출해 내고 몸 구석구석에 보정물을 채워 넣습니다.

그 과정을 겪어 내면서 우리 몸은 얼마나 아파할까요? 그러다가 운이 나쁘면 엄청난 부작용에 시달리기도 합니다. 코가 썩고 무너져 내려 재수술을 해야 하고, 잠을 잘 때에도 눈이 감기지 않고, 심지어는 수술대 위에서 사망하는 최악의 상황도 발생합니다. 그런 위험요소를 가진 고통스러운 과정을 우리 몸이 감당해야 하는 이유가 있을까요? 우리 몸은 한 군데만 이상이 생겨도 몸 전체가 영향을 받습니다. 살아 있는 유기체이기 때문입니다. 그러니 어느 한 곳을 변형시키게 되면 몸 전체의 상태가 달라집니다. 관련된 모든 근육과 혈행과 세포가 영향을 받으니 당연한 일입니다. 눈이 감기지 않은 채로 잠을 자야 하면 뇌도 타격을 입습니다. 멜라토닌 호르몬이 제대로 분비되지 않을 테고, 그러면 만성피로에 시달리게 되며 기억력이 나빠집니다. 제대로 된 영양 공급을 받지 못하면 면역체계가 파괴되어 온갖 질병에 노출됩니다. 이렇듯 몸에 고통을 주는 자기학대는 자기학대로만 끝나는 것이 아니라 삶의 질을 떨어뜨릴 수도 있습니다. 삶의 질을 떨어뜨리면서 행복해지기를 바란다는 것은 모순이 아닐까요?

외모는 결코 우리 자신의 가치와 동일시되어서는 안 됩니다. 나는 이 세상에서 단 하나뿐인 존재입니다. 그런 유일성이 바로 우리들의 개성이자 매력이기도 합니다. 바로 이런 내면과 외면이 한데 어우러져 품어 내는 개성과 매력, 그것이 바로 '나'입니다. 내가 화원 속 장미의 모습이 아니라 길가에 핀 이름 없는 작은 꽃이어도 상관없습니다. 그 작은 꽃도 화원 속 장미와 마찬가지로 세상의 아름다움을 구성해 가는 하나의 요소입니다. 나는 그 작은 꽃으로 살아가고, 그 작은 꽃으로 세상을 아름답게 만들어 갑니다. 화려하지 않다구요? 화려하지 않으면 또 어떻습니까? 길가의 이름 없는 꽃으로서도 '아, 이런 곳에 이런 꽃이 있네' 하고 미소 짓게 할 수 있다면 그만입니다. 작은 꽃으로서 나는 나이고, 그런 나는 이 세상에 나밖에 없

습니다. 유일하고도 개성 있는 나라는 존재가 얼마나 소중하고 가치
있는 것인지에 대해 눈을 떠야 합니다.

다행스럽게도 우리는 알고 있습니다. 외모 자체보다는 자신의
외모를 얼마나 긍정적으로 바라보는지가 행복에 더 중요하다는 것
을. 실제로 행복한 사람들은 불행한 사람들보다 자신을 더 매력적으
로 생각한다고 합니다. 게다가 행복한 사람과 불행한 사람의 외모를
객관적으로 평가해 보면 두 사람 사이에 큰 차이가 발견되지 않는다
고도 하지요. 얼마 전 한 대학에서 설문조사를 했답니다. 외모가 행
복에 영향을 미치는지의 여부에 대해서요. '외모가 좋으면 데이트는
몇 번 더 하겠지만, 행복해지는 것은 아니다'는 것이 중론이었답니
다. 참으로 현명한 학생들입니다. 개인의 행복에 영향을 미치는 것
은 그 사람이 객관적으로 얼마나 매력적인지가 아니라, 스스로가 자
신을 얼마나 매력적으로 바라보는지입니다.

'타인이 나를 좋아하게 만드는 방법'에 앞서 '내가 나를 좋아하는 방법'을

우리에게는 타인에게 인정받고 싶은 욕구가 있습니다. 나를 알아봐 달라는 것이지요. 물론 이런 욕구는 인정받고 싶은 대상에게만 향합니다. '내가 가치를 부여하는 존재'의 인정을 필요로 하는 것이지요. 내가 가치를 부여하지 않는 대상에게서 인정을 받으면 물론 고맙기는 하겠지만, 그렇지 않더라도 우리는 그리 개의치 않습니다. 그저 스치고 지나가는 누군가의 "그 사람 괜찮은 것 같아"라는 말을 무덤덤하게 받아들이는 것처럼 말입니다. 하지만 내게 중요한 존재이고, 내가 가치 있다고 생각하는, 인정받기를 원하는 대상의 한마디는 내 삶에 매우 큰 영향을 미칩니다. 사랑하는 부모님의 "아이고, 우리 딸,

정말 장하네"라는 한마디, 내가 좋아하는 친구의 "네가 내 친구여서 정말 좋아. 네가 자랑스러워"라는 한마디, 존경하는 선생님의 "나는 네가 그러리라고 믿었어. 훌륭해"라는 한마디는 나를 행복하게 합니다. 내 삶의 주요한 부분으로 받아들인 그들에게 내 존재가 인정받기 때문입니다. 게다가 내가 그들의 행복에 기여하고 있다는 기쁨도 가세하지요. 그러니 내 행복감은 더 커집니다. 반면 그들에게 인정받지 못하면 섭섭해지거나 의기소침해지거나 울적해집니다. 그게 심해지면 아무도 나를 몰라준다며 무척이나 외로워지기도 하지요. 사실은 아무도 나를 몰라주는 것이 아니라, 내가 중요한 존재로 받아들인 사람들이 나를 몰라주는 것에 불과한데도 말입니다. 어쨌든 우리는 타인에게 인정받기를 원하며, 그것을 명예욕이라고 부르기도 합니다. '호랑이는 죽어서 가죽을 남기고, 사람은 죽어서 이름을 남긴다'라는 경구는 우리의 명예욕을 더욱 자극하기도 하지요. 이런 명예욕은 국가와 사회를 넘어 전 세상으로 확대되기도 합니다. 아마도 인간이 사회적 동물이기에 이런 명예욕은 어쩔 수 없는 삶의 조건이라는 생각이 듭니다.

그런데 타인에게 인정받는 것보다 더 중요한 것은 자기 스스로를 인정하는 것입니다. '좋아. 결과에 상관없이 그렇게 한 네가 대단하다고 생각해. 정말 자랑스러워' 하며 자신의 머리를 직접 쓰다듬어 줄 수 있어야 합니다. 그래야 자존감도 높아지고, 자신에 대한 긍지도 생깁니다. 그래야 외부의 인정과 칭찬도 비로소 제 빛을 발하게 됩니다. 당사자가 수긍하지 않는 외부의 평가와 인정은 당사자를 어리둥절하게 하거나 머쓱하게 만들 뿐이거든요. 칭찬을 진정으로 수용하기 어렵습니다. 그러한 칭찬은 내 행복감과 무관한 무용지물이 되어 버리지요. 그것은 아무런 효력 없는 인정에 불과합니다.

스스로의 인정이 중요한 이유는 또 있습니다. 인정욕구는 내가 가치를 부여하는 상대의 인정을 바라는 것이라고 했지요. 그런데 그 대상에게서 인정을 받으려는 것이 나 자신보다는 그 대상을 위한 것이 되어 버릴 수도 있습니다. 즉 상대가 바라고 가치 있다고 평가하는 일을, 나 자신이 바라고 가치 있다고 평가하는 일보다 우선시할 수 있다는 것입니다. 그러면 문제가 생기지요. 부지불식간에 타인의 가치기준과 평가기준에 맞게 나를 구성해 버리기 때문입니다. 나는 거기서 도외시됩니다. 그렇게 되면 내 행복감이 주는 기쁨과 상대를 행복하게 해주었다는 기쁨의 결합은 더 이상 존재하지 않습니다. 오로지 상대를 기쁘게 해주었다는 것만이 남게 됩니다. 나 스스로의 인정은 더 이상 이루어지지 않고, 타인의 인정에 종속된 나만 있을 뿐 나 자신은 사라져 버립니다. 타인의 관점과 시선과 평가에 의해 유도되고, 그 뜻에 맞추어서 인정받고 사는 것이 진정 우리를 행복하게 할까요?

자기 스스로 인정하는 것이 중요한 또 다른 이유가 있습니다. 우리가 살고 있는 세상은 참으로 기묘합니다. 웬만해서는 인정을 하지 않으려고 합니다. 아무리 훌륭한 업적을 일구어내도 이런저런 꼬투리를 답니다. "잘 쓴 책이기는 한데, 뭔가가 좀 빠진 느낌이야", "금메달을 따다니 훌륭하기는 한데, 밥 먹고 운동만 하는데 그 정도도 못하겠어"라며 교양인의 예리한 시선인 척 '그런데'를 붙이면서 전적으로 인정하지 않습니다. 완벽한 책, 완벽한 운동선수, 완벽한 인간을 기대했기 때문일 수도 있지요. 하지만 세상에 완벽한 것은 없습니다. 운동이 직업이라고 해서 그 운동을 언제나 완벽하게 하는 것은 아닙니다. 학생이라고 해서 누구나 다 1등일 수도, 선생이라고 해서 누구나 다 최고의 선생님일 수는 없듯이요.

인정에 인색한 우리 세상에서 외부의 평가와 인정에 매달리게 되면 불행해집니다. 그 인색한 인정 때문에 위축되고 불안하고 불만스럽습니다. 스스로가 인정해 주고 칭찬한다면 그런 상황을 이겨 낼 힘을 얻게 됩니다. '누가 인정해 주지 않아도 상관없어. 나는 내가 자랑스러워'가 갖는 엄청난 힘입니다. 이것이 '타인이 나를 좋아하게 만드는 방법'을 알려고 하기 전에, '내가 나를 좋아하는 방법'을 아는 것이 선행되어야 하는 이유입니다.

적성을 찾는 쉬운 방법,
'영원한 반복'에 대한 물음

어느 날 어떤 목소리가 내게 말합니다. '네가 지금 하고 있는 바로 그 일, 네가 지금 하려고 하는 바로 그 행위, 네가 지금 하려는 바로 그 말, 그리고 현재의 네 모습. 그것들은 네가 영원히 반복하고 싶은 것들인가? 영원히 반복되기를 바랄 만한 것들인가?'

독일 철학자 니체가 던지는 유명한 질문입니다.(니체, 《즐거운 학문》) 이 질문은 우리에게 일종의 사유실험을 해보라고 합니다. 말 한마디를 하기 전에 과연 이 말이 영원히 반복되기를 바랄 정도의 것인지를 물어보고, 행동 하나를 하기 전에 과연 이 행위가 영원히 반복되어도 좋을 만한 행위인지를 물어보며, 지금의 내 모습이 영원히 이 모습 그대로 반복되어도 손뼉 치며 환호할 만한 모습인지, 아니면 영원히는 고사하고 단 한 번이라도 그대로 반복된다면 몸서리 치며 끔찍해서 '영원한 반복'이라는 말이 저주처럼 들리는지를 체크해 보라는 것입니다. 만일 저주처럼 들린다면 그 말과 행위는 해서는 안 되는 것이고, 현재의 내 모습 역시 내 마음에 들지 않는 부정적인 모습일 것입니다. 반면 '영원한 반복'이라는 말 자체가 축복처럼 들리는 경우도 있을 것입니다. 내 말과 행위와 내 모습이 너무도 마음에 들어, 절대 바뀌지 않고 그대로 유지되었으면 하는 경우입니다. 이럴 때의 내 모습은 스스로가 사랑하고 긍정할 수 있는 대상이 됩니다.

니체가 이런 사유실험을 우리에게 권하는 이유는 우리의 현재를 영원히 반복되어도 좋을 만한, 아니 영원히 반복되기를 바랄 정도의 것으로 만들라는 지혜를 전하기 위해서입니다. 그 현재가 의미와 가치가 충만하다면 그럴 수 있겠지요. 하지만 그런 현재는 저절로 주어지지 않습니다. 나 스스로 그렇게 만들어 가는 것입니다. 그래서 니체의 사유실험은 매우 유용합니다. 매 순간 이 질문을 해보세요. 그러면 삶의 한 순간 한 순간도 그냥 헛되이 흘려보내거나 낭비하지 않게 될 것입니다. 오히려 의미 있고 가치 있게 만들고자 노력하게 되겠지요.

그런데 니체의 사유실험은 적성을 테스트하거나 미래의 직업을 선택할 때에도 매우 유용합니다. 모두들 자기 적성이 무엇인지 궁금해하고 이런저런 테스트를 하기도 합니다. 지문 테스트, 혈액형 테스트, 꿈 테스트 등 방법도 가지가지입니다. 때로는 점집에 가서 내가 무슨 일을 해야 할지를 물어보기도 합니다. 물론 이런 여러 가지 테스트들이 유용할 때도 있지만, 이런 것 없이도 우리는 답을 얻을 수 있습니다. 자신이 하려는 것이 영원히 반복되어도 무방할 정도로 자신에게 의미 있고 자신을 행복하게 만들어 주는 것인지를 스스로 물어보면 됩니다. 거기에서 얻는 답이 자기 적성이 무엇인지를 알려 줍니다. 그 적성을 살려 직업을 선택한다면, 아마도 여러분은 그 일을 놀이처럼 즐기는 행복한 직업인이 될 가능성이 높습니다. 많은 사람들이 대단한 가치를 부여하는 직업이라도 스스로가 묻는 이 테스트에 통과하지 못한다면, 그 일은 자신을 결코 행복하게 만들어 주지는 못할 것입니다.

독일의 심리학자인 에빙하우스에 의하면, 기억의 칠십 퍼센트는 이틀 뒤면 잊히지만 즐겁게 배운 삼십 퍼센트의 기억은 언제까지나 기억한다고 합니다. 좋아서 하는 일은 잘하게 된다는 것에 대한 증거입니다. 그러니 자신에게 맞는 일을 선택하는 것은 능력 있는 사람이 되는 지름길이기도 하겠습니다. 자기 일에 출중한 능력을 보여 주는 사람이 자신의 삶에 만족할 가능성은 더 높겠지요?

부러우면
지는 거다?
부러우면
이기는 것입니다

우리의 감정 중에는 삶을 결정적으로 해치는 나쁜 것들이 있습니다. 질투와 미움도 거기에 속합니다. 이들은 부정적 감정이며 에너지를 소모시킵니다. 우선 상대를 해치고 타격을 가하며 무기력하게 만듭니다. 질투와 미움은 늘 드러나기 마련입니다. 상대에 대한 날카로운 시선으로, 폭력적인 말로, 공격적인 행위 등으로 말입니다. 이때 상대는 당황하고 불안하며 혼란스럽습니다. 억울한 마음이 들기도 하고, 분노와 보복심 같은 또 다른 파괴 감정이 생기기도 합니다. 그래서 내면의 평화가 깨져 버립니다. 그러다 보면 잠도 제대로 못 자고 면역체계가 교란되어 몸도 정상궤도를 벗어나기 쉽습니다. 몸도 마음도 약해집니다. 그런데 질투와 미움은 그 대상을 약하게 만들면서 손을 털어 버리지 않습니다. 그 화살은 부정적 감정을 보내는 내게로도 향합니다. 나 역시 결코 편치 않습니다. 질투와 미움을 남에게 보낼 때 자신의 마음이 얼마나 괴로운지를 경험해 본 사람은 잘 알 것입니다. 우리의 마음은 평정을 유지하지 못한 채 지옥이 됩니다. 그 여파가 당연히 몸에도 미칩니다. 이렇게 보면 질투와 미움이라는 부정적 감정은 그 어떤 효용도 없습니다. 그러니 이것들이 힘을 얻으면 행복해질 수도, 잘 살 수도 없습니다. 이렇게 해롭기만 하고 효용성이라고는 전혀 없는 것을 우리는 어째서 내 것으로 하려는 것일까요? '해로운 일을 하느니 차라리 아무 일도 하지 않는 편이 낫다'가 더 바람직하지 않을까요?

질투와 미움은 왜 생기는 것일까요? 나도 해치고 상대도 해치는 이런 나쁜 감정을 우리는 왜 '선택'하는 것일까요? 해로운 일을 선택하는 것은 정말 비이성적입니다. 인간을 이성적 동물이라고 한다면, 그것은 인간의 본성에 어긋나는 행위이기도 합니다. 그런데도 우리가 그런 감정을 선택하는 이유는 그것의 해로움을 인지하지 못해서이거나, 앞서 말했던 '독이 되는 비교'를 하는 나쁜 습관 때문일 것입니다. 전자든 후자든 모두 내 부족의 소치입니다. 그러나 다행히도 쉽게 개선할 수 있습니다. 내게 해롭기만 한 것을 선택하지 않겠다는 마음만 먹으면 되니까요. 그 마음이 유지되지 않는다구요? 그

내 삶의 길을 누구에게 묻는가?

것은 자신을 충분히 설득하지 못했기 때문입니다. 자신이 갖고 있는 것에서 즐거움을 얻는 대신 남이 갖고 있는 것을 보면서 괴로워하는 일, 내게 집중하지 않고 남에게 종속되는 일이 자신에게 백해무익하다는 것을 확실히 알게 되면, 누구라도 그런 일을 그만둘 것입니다. 확실하게 알아도 계속 그런 일을 하게 된다구요? 자신의 머리를 한 대 쥐어박아 정신을 차리게 해야 합니다. 지금의 내가 하는 선택 하나하나가 나를 만든다는 사실을 외면하는 무책임한 행동이니 말입니다.

'부러우면 지는 거다'라는 말이 있지요. 대중매체에서 공공연하게 들리는 이 말은 시기와 질투를 전제합니다. 부러워할 만한 것을 갖고 있거나 부러워할 만한 인성을 보여 주는 사람은 내게 스승과도 같은 존재일 수 있습니다. 부럽다는 것은 나도 그렇게 되고 싶다는 다른 표현이거든요. 그래서 그렇게 되기 위해 노력하게 만듭니다. 이게 부러움의 공적이고, 남과 비교하는 일이 유용하게 작용할 수 있는 유일한 경우입니다. '부러우면 이기는 거다'가 되는 것이지요. '부러우면 지는 거다'라는 말은 부러움의 이런 공적을 무시한 채, 단지 부러워서 시샘하는 상태만을 보여 줍니다. 부러워할 만한 덕목을 갖춘 사람에게 당연히 향해야 하는 칭찬과 인정과 존중 대신 말입니다. 그러니 결코 좋은 말이 아닙니다. 그런데 '부러우면 지는 거다'가 아니라 '부러우면 이기는 거다'를 현실화하려면 내가 유쾌한 자존감을 갖춘 행복한 사람이어야 합니다. 그래야 부러움의 대상을 전적으로 인정하면서, '나도 저런 멋진 사람이 되어야지' 혹은 '너는 이래서 멋지지만, 나는 또 이런 방식으로 내 행복을 찾는 멋진 사람이야' 하고 생각하게 됩니다. 이렇게 생각할 수 있는 사람이 진정 멋진 사람입니다.

4장.

잘 살아간다는 것

봄 여름 가을 겨울
그리고 오늘

우리는 시간 속에서 살다가 죽어 갑니다. 모두에게 주어진 시간은 아주 공평하게 하루 24시간입니다. 그건 한 시간, 두 시간처럼 헤아릴 수 있는 객관적이고 물리적인 시간입니다. 그런데 누구에게나 언제든 24시간인 것은 아닙니다. 어떤 사람에게는 그 이상으로 시간이 서서히 흐르는 것처럼 느껴지고, 어떤 사람에게는 짧게 휙 지나가 버리듯 느껴집니다. 혼자 있을 때는 하루가 엄청 길게 느껴졌는데, 반가운 친구를 만난 날은 시간이 너무 짧게 느껴지기도 하지요. 시간은 이렇듯 주관적 체험의 대상이기도 합니다. 그렇기에 우리 자신이 시간을 살릴 수도 죽일 수도 있습니다. 우리가 어떻게 하느냐에 따라 시간의 질이 달라지지요.

그런데 한번 지나간 시간은 다시 돌아오지 않습니다. 매 순간이 단 한 번의 순간이지요. 그래서 참으로 아깝고 소중합니다. 헛되이 허비해도 좋은 순간이란 없습니다. 우리 모두가 이 점을 잘 알고 있습니다. 하지만 그것이 실천으로 이어지지는 않아요. 우리 대부분은 일찍이 세네카가 경고한 것처럼 그렇게 살고 있습니다.

어째서 우리는 재산을 지킬 때는 인색하면서도 시간을 낭비하는 일에는 그토록 너그러운가? 세네카, 《인생의 짧음에 대하여》

우리는 시간 낭비에 너무나도 관대합니다. '오늘은 그냥 보내고 내일부터 하지 뭐', '올해는 대충 보내고 내년을 기약하지 뭐' 하면서 허비하는 경우가 많아요. 그러면서 인생이 짧다고 탄식해요. 아이러니하지요? 옛날 어떤 철학자가 불평을 했답니다(아리스토텔레스가 그랬다는 말이 있지만 확인된 사항은 아닙니다). "자연은 어떤 생물에게는 인간보다 다섯 배 혹은 열 배나 오래 살도록 수명을 넉넉하게 주었으면서, 그토록 큰일을, 그토록 많이 하도록 태어난 인간에게는 이토록 짧은 수명을 정해 놓다니요"라고요. 하지만 짧은 수명을 받은 것이 아니라, 우리가 수명을 짧게 만드는 것입니다. 수명을 넉넉하게 타고나지 못한 것이 아니라, 우리가 낭비하는 것이지요. 제대로 사용한다면 더욱 길게 쓸 수 있습니다.

그러려면 시간을 죽이지 말고 살려야 합니다. 주어진 시간을 충분히 활용해야 합니다. 세네카는 이렇게 말합니다.

> 순간순간을 자신의 필요에 따라 쓰고, 하루하루를 마치 자신의 전 인생인 듯 꾸려 나가라.　　세네카, 《인생의 짧음에 대하여》

고대 로마의 또 다른 시인인 호라티우스도 "매일매일을 마지막 날이라고 생각하라"라고 합니다. 매 순간을 삶의 마지막 순간인 것처럼, 내일은 내가 더 이상 존재하지 않을 수도 있다는 생각으로 자신을 위해 사용하라는 의미네요. 우리의 삶은 언제 끝날지 아무도 모릅니다. 다음 순간에 끝날 수도 있습니다. 그러니 모든 순간을 마치 자신의 전 인생인 것처럼, 혹은 마지막 순간인 것처럼 소중하고 신중하게 관리할 필요가 있습니다. 그렇게 하면 '매 순간'의 의미가 충만해질 경우의 수가 높아집니다. 매 순간이 의미 있는 현재가, 영원히 반복되어도 좋을 시간이, 영원히 반복되기를 바랄 정도의 시간이 될 확률이요. 시간의 낭비는 당연히 줄어들 것입니다. 이것이 시간을 살리는 방법입니다. 시간을 살리면 우리는 제대로 사는 첫 단추를 끼우게 됩니다.

'카르페 디엠carpe diem'이라는 말이 바로 이런 의미를 담고 있습

| 존 래버리, 〈안나 파블로바〉

'카르페 디엠!'
지금 이 순간을 즐기고 충실하세요. 과거와 미래에 대한 집착과 걱정에 붙들려 현재를 무기력하게 만들어서는 안 됩니다. 지금 이 순간을 살리는 무언가를 해야 합니다.

니다. 직역하자면 "잡아라, 하루를"이며, 과거와 미래에 대한 집착과 걱정에 붙들려 있지 말고 지금 이 순간을 즐기고 충실하라고 합니다. 그런데 우리는 이와는 반대로 살곤 하지요. 내가 이전에 했던 말과 행동 때문에 풀이 죽어 있거나 자책하면서 현재를 망칩니다. 이는 과거와 연관된 내 감정에 휘둘리고 사로잡혀 현재를 잡아먹는 것입니다. 혹은 아직 일어나지도 않은 미래에 사로잡혀 현재를 그냥 흘려보내기도 합니다. 과거에 집착하여 후회하고 자책하거나, 미래에 집착하여 전전긍긍하는 것 모두 현재를 내동댕이치는 것과 다름없습니다. 이렇게 살면 손해라는 것을 뻔히 알면서도 말이지요. 이런 점에서 독일의 철학자 쇼펜하우어는 인간을 가장 불행한 존재라고 합니다. 앞을 보고 있거나 뒤를 보고 있거나 현재는 늘 고통스럽기 때문입니다.

물론 자신의 말과 행동을 되돌아보는 것이 더 나은 미래를 위한 일이 될 때도 있습니다. 좋은 일이지요. 하지만 그것이 과거에 집착하는 형태로 현재의 발목을 잡아끄는 구멍이 되어서는 안 됩니다. 미래를 생각하고 살아가는 것 역시 좋은 일입니다. 하지만 그것이 현재를 흘려보내는 것이 되어서는 안 됩니다. 과거에 대한 후회와 미래의 걱정에 빠져 사는 것은 현재의 시간을 죽이는 행위일 뿐입니다. 그러면 어떻게 해야 하냐구요? '카르페 디엠!' 지금 이 순간을 살리는 무언가를 해야 합니다. '오늘 하루도 잘 살았는지'라는 물음에 '그렇다'고 답할 수 있는 무언가를 말입니다. 그것이 큰일이든 작은 일이든 상관없습니다. 이렇게만 한다면 운문선사의 말씀처럼 "날마다 좋은 날이다 日日是好日"《운문록》라고 말할 수 있습니다.

생존경쟁이라고?
나는 그저
잘 살아가려 할 뿐

생존경쟁이라는 말은 다윈이 진화론을 설명하기 위해 사용한 것이 었습니다. 자연 전체에서 살아남음을 위한 싸움은 늘 일어납니다. 같은 공간에 심어 놓은 묘목들 사이에서도, 토끼와 사자 사이에서도, 인간과 사자 사이에서도 생존경쟁은 일어나며, 이는 자연적인 현상입니다. 그런데 생존경쟁이라는 말이 인간의 사회적 삶에 적용 되면서 그것은 자연현상을 넘어 다른 의미를 가지게 되었습니다. 더 이상 생물학적 살아남음을 위한 싸움이 아니라, 성공을 위한 싸움이 자 경쟁에서 남을 이기려는 싸움을 의미합니다. 웰빙well-being을 추 구한다면서 우리는 그냥 살지도 못하고, 오히려 남을 능가하는 성공을 위한 싸움꾼으로 전락해 버린 듯합니다. 러셀이 20세기 유럽의 한복판에서 "우리는 내일 아침에 무엇을 먹을까를 두려워하는 것이 아니라, 옆 사람을 뛰어넘지 못할까 두려워하는 것이다"(러셀,《행복의 정복》)라고 했던 것은 오늘날에도 그대로 적용됩니다.

　과연 인생에서 성공이라는 것은 무엇일까요? 이 질문에 대해 많은 이들이 공감하는 미국의 시인 에머슨의 시 한 편을 소개합니다.

성공이란 무엇인가 What is Success

　자주, 그리고 많이 웃는 것
　To laugh often and much

　현명한 이들의 존경을,
　아이들의 애정을 받는 것
　To win the respect of intelligent people
　and the affection of children

　정직한 비평가의 인정을 받고
　그릇된 친구의 배반을 참아내는 것

To earn the appreciation of honest critics

and endure the betrayal of false friends

아름다움을 식별할 줄 알며

다른 사람에게서 최선을 발견하는 것

To appreciate beauty

To find the best in others

아이를 건강하게 기르든, 한 뙈기 정원을 가꾸든

자기가 태어나기 전보다 세상을 조금이라도

살기 좋게 만들어 놓고 떠나는 것

To leave the world a bit better, whether by

a healthy child, a garden patch

or a redeemed social condition

자신이 한때 이곳에 살았음으로 해서

단 한 사람의 인생이라도 행복해지는 것

To know even one life has breathed easier

because you have lived

이것이 진정한 성공이다

This is to have succeeded

성공이 이런 것이라면 치열한 경쟁이 필요하지 않습니다. 유쾌한 자존감으로 스스로를 사랑하고 인정하고, 삶을 해치는 나쁜 감정과 습관을 선택하지 않고, 서로를 인정하고 수용하며, 누군가 작은 미소를 지을 수 있게 하면서, 더불어 사는 삶이라는 작은 지혜를 갖춘 채, 하루하루를 의미 있는 현재로 만들면서 자신의 길을 뚜벅뚜벅 즐겁게 걸어가면 그뿐입니다. 이것이야말로 우리를 행복으로 이끄는 성공이 아닐까요? 잘 살았다고 할 만한 삶이 아닐까요?

이는 진정한 성공이 아니라구요? 가장 높은 곳에 서는 1등이야말로 성공이라구요? 왜 1등이어야 하지요? 오로지 1등만이 돈과 명예와 권력 모든 것을 독식할 수 있기 때문이라구요? 이미 말씀드렸듯 결과는 미지수입니다. 1등에게 돈과 명예와 권력이 따라온다는 것은 필연은 아닙니다. 설사 따라온다고 해도 미다스 왕처럼 될 수도 있습니다. 1등 자체가 가치가 있다구요? 그 자체로 불변하는 가치를 가지고 있는 것은 없다고 말했습니다. 물론 1등이 의미 있는 경우도 있지만 그렇지 않은 경우도 있습니다. 1등이 불행의 씨앗이 되는 경우도, 1등보다 2등이 더 귀하고 의미 있는 경우도 있지요. 게다가 1등 자체가 목적인 삶은 '자신의 일을 놀이처럼 즐겁게 하다

보니 1등이 되어 있더라'는 삶보다 매력적이지도 않습니다.

'1등만이 성공'이라는 생각은 우리를 힘들게 하는 족쇄 같은 것입니다. 1등이 있다는 것은 1등을 제외한 99퍼센트의 사람이 있다는 뜻입니다. 내가 그 99퍼센트에 속할 확률은 1퍼센트에 속할 확률보다 월등히 높습니다. 게다가 1등은 2등, 3등, 4등, 꼴등이 있어야 비로소 의미가 있지요. 누군가는 2등, 3등, 4등, 꼴등을 해야 합니다. 로빈슨 크루소가 무인도에서 살면서 '나는 모든 면에서 1등이야'라며 의기양양해 한다면 우스운 일입니다. 그 말이 외롭고도 외로운 자기 삶을 위로하는 마음의 표현이 아니라면요. 하지만 우리는 1퍼센트가 되기 위해 모든 힘을 쏟아붓지요. 그러면서 스트레스를 받고 초조해하며 많은 것을 포기한 채로 불행하게 살아갑니다.

1등이 아니라도 괜찮습니다. 1등만이 성공한 삶은 아닙니다. 행복한 꼴등이 불행한 1등보다 훨씬 나은 삶입니다.

조금 적게
가져도 됩니다

소리에 놀라지 않는 사자처럼, 그물에 걸리지 않는 바람처럼,

진흙에 더럽히지 않는 연꽃처럼, 무소의 뿔처럼 혼자서 가라.

《숫타니파타》

《숫타니파타》에 나오는 말입니다. '어디서 먹고 어디서 잘 것인지에 마음 쓰지 말고 세속의 것에 욕망을 가질 이유도 없으며, 주지 않는 것을 빼앗을 필요도 폭력을 쓸 필요도 없다. 그저 일체의 것에 흔들리지 않고 맹수의 왕 사자처럼 의연하게, 그물에 걸리지 않는 바람처럼 자유롭게, 진흙에서 자라지만 더러워지지 않는 연꽃처럼

내 삶의 길을 누구에게 묻는가?

고결하게 홀로 걸어가라. 뿔 하나만으로도 부족함을 느끼지 않는 코뿔소(무소)처럼 자유롭게 무소유의 삶을 살라'는 의미를 갖고 있습니다. 기원전 250년~150년경으로 추정되는 불교 경전의 말씀이라 오늘날에 그대로 적용하기 어려운 부분은 있지만, 여전히 공명을 울리는 부분이 많습니다. 소유욕의 절제도 그중 하나입니다. 우리는 참으로 많은 것을 갖고 살고 있고, 많은 것을 필요로 합니다. 잠에서 깨어나면서부터 다시 잠자리에 들기까지, 아니 자는 순간에도 이런저런 물건의 도움을 받습니다. 어디 소소한 일상뿐일까요. 모든 짐을 벗어던지는 휴식을 취하려 여행길에 오르면서도 큰 꾸러미를 가지고 갑니다. 이렇듯이 우리의 가방 속은 물론이고, 방과 집, 심지어는 학교에도 차곡차곡 내 물건들이 쌓여 갑니다. 내 물건을 한데 모아 보세요. 실제로 모으기 어렵다면 리스트라도 작성해 보세요. 얼마나 많은 물건을 내가 필요로 하고, 갖고 있는지를 확인하게 될 겁니다. 이마저도 어렵다면 이사했을 때를 기억해 보세요. '이런 물건도 있었어?' 하고 놀란 적이 있지요. 물론 인간은 도구를 사용하면서 진화해 온 동물이지만, 언젠가는 물건에 질식당할지도 모른다는 중압감마저 듭니다.

그런데 그토록 많은 물건을 가졌음에도 우리는 여전히 더 갖기를 원합니다. 예를 들어 새로운 휴대폰이 출시되면 우리는 대부분 유혹을 뿌리치기 어렵습니다. 그래서 용돈을 모으고, 부모님께 부탁

하기도 합니다. 새 휴대폰을 손에 넣고서야 흡족해합니다. 이게 더 편리하고 기능이 좋다면서 말입니다. 하지만 새로운 휴대폰이 주는 만족과 기쁨은 오래가지 않습니다. 금세 익숙해질 수도, 싫증이 날 수도, 혹은 다양한 기능을 별로 사용하지 않을 수도 있습니다. 게다가 얼마 후에는 새로운 기능이 장착된 새로운 모델이 또 출시됩니다. 그러면 또 눈이 거기로 돌아갑니다.

우리와 물건의 관계는 이렇습니다. 물론 생활에 필요하여 구매하지만, 그 필요성마저도 어떤 경우에는 조작된 경우가 많습니다. 분명 필요하다고 판단했지만, 실제로는 그다지 필요하지 않은 경우가 있다는 것이지요. 누가 조작하느냐구요? 우리가 늘 노출되어 있는 상품광고, 그 광고를 광범위하게 전파시키는 미디어가 일등공신이지만, 우리 스스로도 그 조작에 관여합니다. 긴 시간을 두고 이모저모 따져 보면서 직접 판단하지 않고, 그럴듯한 광고를 그대로 믿기 때문입니다. 그 피해는 고스란히 우리 자신의 몫이고, 이익은 오로지 상품을 만들고 유통시키는 시스템에 돌아갑니다.

다시 돌아가서, 새로운 물건이 우리에게 주는 설렘과 행복감은 오래가지 않는다고 했습니다. 나도 이런 물건을 갖고 있다는 과시에서 오는 기쁨, 내 욕구가 충족되어서 오는 만족감, 사용의 편리함과 유용함이 주는 쾌감 등이 오래가지 않기 때문입니다. 그저 그런 무덤덤함이 곧 찾아옵니다. 그러면 다시 새로운 물건을 통해 기쁨과 행복을 느끼고 싶어지겠지요. 그리고 이런 과정은 계속해서 되풀이됩니다. 그 결과로 내 공간은 물건을 쌓아 두는 창고가 되어 버립니다. 창고 속에서 우리는 숨이 막혀 옵니다. 답답함을 벗어나려 한꺼번에 정리를 해봅니다. '이걸 내가 왜 샀었지?', '이게 다 얼마야?'라고 혀를 끌끌 차면서요. 더 큰 공간으로 이사를 가기도 하지요. 그래봐야 그 공간도 다시 좁아지겠지만 말이지요. 결국엔 후회만 남습니다. 물건에 대한 욕망이 만드는 이런 사이클은 순간의 작은 기쁨과 긴 후회를 남길 뿐입니다.

카메라 화소가 조금 낮더라도, 다운로드 속도가 조금 늦더라도 괜찮습니다. 휴대폰 앨범 사진 속 내 얼굴이 조금 선명하지 않으면 또 어떻습니까? 새로운 물건을 조금 늦게 사용한다고 해서 큰일이 벌어지는 것도 아닙니다. 우리에게 행복감을 주는 시간은 뜻밖에도 물건에서 벗어나는 시간일 경우가 많습니다. 물건에 대한 욕망에서 벗어나고 물건의 지배에서 벗어나면 정신의 여백이 느껴집니다. 꼭 필요하지 않은 물건을 하나하나 치워 주변을 간결하게 정리해 보세요. 그 여백이 더 진해집니다. 그 진해진 정신의 여백을 한번 즐겨 보세요. 머리가 맑아지는 것은 물론이고, 이전에는 보이지 않던 세상이 눈에 들어옵니다. 공기의 맛도 느껴지고, 하늘의 색깔도 느껴지고, 옆에 있는 친구의 눈동자도 느껴집니다. 조금 적게 갖는 것은 썩 괜찮은 삶을 위한 한 가지 방법일 수 있습니다.

마음에
맑은 물을
부어 보세요

얼마 전 읽은 책에 이런 내용이 있었습니다. "우리 마음은 신생아의
그것처럼 원래는 맑은 상태였습니다. 오염되지 않았지요. 그러다가
잉크가 한 방울 한 방울 그 속에 떨어집니다. 맑았던 물의 색깔이 점
점 탁해집니다. 점점 더, 점점 더, 이렇게 우리 마음은 오염이 됩니
다. 그런 오염 상태를 벗어나는 방법은 무엇일까요? 그 마음속에 깨
끗한 새로운 물을 계속 부어 주는 것입니다. 탁해졌던 물이 서서히
다시 맑아지겠지요. 그러다가 어느 순간 원래의 맑았던 그 상태로
다시 돌아갈 수 있습니다. 우리 마음이 정화가 되었네요. (…) 이 세
상에서 그저 잉크물을 부어대는 삶을 살 필요가 있겠습니까? 이미

오염되어 있는 시커먼 물에서 잉크가 쭉쭉 빠져 버리도록 여러분들 하루하루 생활 속에서 그냥 맑은 물을 부어 보십시오."《용타스님의 행복노트》노스님께서 제안하는 행복 찾기입니다.

누구나 살아가면서 마음에 잉크가 방울방울 떨어지는 경험을 합니다. 거기엔 예외가 없어요. "도대체 너는 왜 그러니?"라는 질타, '나는 어째서 이것밖에 안 될까?' 하는 자책, '이번에도 안 되네' 하는 실망, '어떻게 이런 기가 막힌 일이'라는 분노, '그 어떤 출구도 보이지 않네' 하는 절망, '왜 그렇게 했을까?' 하는 후회 등이 한 방울 한 방울씩 떨어져 내 마음을 흐려 놓습니다. 어디 그뿐일까요? 소유에 대한 갈망, 명예에 대한 추구, 돈에 대한 욕심, 남을 무조건 이기려는 경쟁의식 등 내 마음을 탁하게 만드는 것은 매우 많습니다.

탁해진 마음은 나 자신을 짓누르고 아프게 합니다. 환한 웃음 대신 찌푸린 인상이, 따뜻한 마음 대신 불신과 무관심이, 투명한 눈빛 대신 날선 시선이, 생명력을 북돋우는 말 대신 심장을 후벼대는 칼 같은 말이, 결국에는 자신과 세상에 대한 사랑 대신에 온갖 부정적인 의식이 등장하지요. 그런 상태는 결코 건강한 마음이 아닙니다. 정상적이지 않기 때문입니다. 마음의 정상적 상태는 맑은 물과 같은 건강한 상태입니다. 어째서 정상성이 건강성과 같으냐구요? 우리 몸을 한번 생각해 보세요. 몸에 병이 생겼다는 것은 몸의 정상적 운행이 방해를 받았다는 말과 같습니다. 세포와 혈관과 근육 등의 총체적인 연계가 그래야 하는 방식대로 운행되고 있는 것, 이것이 정상적인 상태이고 그런 몸은 건강을 유지합니다. 마음도 마찬가지입니다. 마음의 정상적 상태는 건강한 상태이고, 건강한 상태는 맑은 물 같은 경우입니다.

마음 건강이 깨졌을 때, 노스님의 제안처럼 해보세요. 잉크로 혼탁해진 물을 송두리째 비워 보려고 하는 것이나, 잉크를 다시 한 방울 한 방울씩 빼내 보려 하는 것은 별로 효율적이지 않습니다. 잉크로 혼탁해진 물과 마음은 이미 하나입니다. 컵 속의 물은 컵과 분리가 될 수 있지만, 마음이라는 공간의 물은 마음 자체입니다. 그래서 물만을 버리려고 하는 것은 불가능에 도전하는 것과 같습니다. 한 방울씩 오염 물질을 빼내려 하는 것도 마찬가지입니다. 만일 그것이 물질적인 것이라면 하나하나 분리해서 빼낼 수 있겠지만, 이미 마음이라는 전체 속으로 융해되어 '그때 그 사건 1', '그때 그 사건 2'로 남아 있지 않습니다. 그 사건들이 남겨 놓은 파장이 마음에 남는 것입니다. 그것도 다른 심상들과 한데 어우러져 통합된 채로 말이지요. 그러니 혼탁해진 마음을 정화시켜 건강을 회복시키는 가장 좋은 방법은 맑은 새 물을 계속 부어 주는 것입니다.

그렇다면 새로운 맑은 물은 무엇일까요? 내 마음에 밝은 빛을 가져다주는 것이라면 모두 다 맑은 물입니다. 그것은 하나로 정형화할 수는 없습니다. 우리는 각기 다른 사람이고, 다른 마음을 갖고 있기 때문입니다. 그러니 정화를 위한 맑은 물도 다를 수밖에 없습니다. 어떤 사람에게는 칭찬받는 것이, 어떤 사람에게는 칭찬하는 것이, 어떤 사람에게는 타인의 기쁜 일에 진심으로 함께 기뻐해 주는 것이, 어떤 사람에게는 감사의 마음을 갖는 것이 맑은 물 붓기일 수도 있습니다. 어떤 것이 자신의 맑은 물인지는 본인이 가장 잘 알 수 있습니다. 하지만 맑은 물의 유형은 달라도 맑은 물의 본질은 같습니다. 자신에 대한 사랑에서 나오고 자신을 행복하게 만들어 주는 것입니다. 그런 물이라면 옆 사람을 사랑하게 하고 그를 행복하게 만들 수도 있을 것입니다.

가끔은
게을러도
괜찮아요

우리는 너무나 바쁩니다. '바쁘다, 바빠'를 입에 달고 삽니다. 이른
새벽에 시작하는 하루 일과는 늦은 밤까지 이어집니다. 머리는 지
끈거리고, 몸은 물먹은 솜처럼 축 늘어지며, 눈꺼풀에 파르르 경련
이 일기도 합니다. 주중은 주중대로 학교에서 학원으로, 숙제와 시
험 준비와 이런저런 대회 준비로 바쁘고, 주말은 또 주말대로 밀린
공부를 하느라 바쁩니다. 우리뿐만이 아닙니다. 어른들의 세상은 더
바쁩니다. 생활전선의 팍팍함으로 인해 눈이 휙휙 돌아갈 정도로 여
유가 없습니다. 우리를 바쁘게 하는 것은 그것뿐만이 아닙니다. 남
의 기준에 맞춰 잠을 조절하고, 남의 걸음에 보조를 맞추고, 사랑마

저도 남의 지시를 받느라 바쁘기도 합니다. 바쁜 삶에서 벗어나고 싶다며 휴식을 취할 때마저도 바쁩니다. 어렵게 얻은 여가를 한가롭게 즐기는 것이 아니라 '일 없이 분주'합니다. 휴가계획을 세워 본 사람은 알 것입니다. 오늘은 이것을 꼭 해야 하고, 내일은 저곳을 꼭 둘러봐야 합니다. 그러니 학교나 회사만 가지 않을 뿐이지 여전히 바쁩니다. 우리는 심지어 죽음 이후의 일까지 염려하고 장례식까지 걱정하며 바쁩니다. 그러면서 열심히 살고 있노라고, 잘 살고 있노라며 스스로를 위안합니다. 그러다가 종착지에 도착해서야 비로소 '일 없이' 분주하기만 했다고 깨닫지만 너무 늦어 버립니다. '일하지 않으려면 먹지도 말라', '자고 있는 여우는 닭을 잡지 못한다', '일찍 일어나는 새가 벌레를 잡는다' 등의 경구는 바쁨과 열심 속에서 살아가는 우리를 계속 채찍질합니다.

하지만 이러한 경구는 절반만 맞는 말입니다. 바쁨과 열심은 근면을 상징하기에 좋은 덕목일 수 있지만, 문제를 일으킬 수도 있습니다. 그런 삶이 우리 자신을 돌아볼 정신적 여유와 시간을 빼앗기 때문입니다. 〈개미와 베짱이〉라는 우화에 나오는 베짱이 같은 대책 없는 게으름은 삶을 좀먹는 벌레입니다. 삶을 능동적으로 살지도 않을뿐더러 나중에 누군가의 도움 없이는 살아갈 수 없습니다. 하지만 우리는 이미 개미들입니다. 우리는 개미로 살아가도록 만들어진 사회에서 개미로 태어나 개미로 살아갑니다. 그렇기에 조금은 게을러

| **구스타브 카유보트, 〈낮잠〉**

무언가를 하겠다는 의지와 욕망도 잠시 잠재우고 몸과 마음을 그냥 쉬게 해주는 것, 이것이 휴식의
진정한 의미이고 한가로움의 진정한 의미입니다.

져도 괜찮습니다. 아니 가끔씩이라도 게으름을 피울 권리가 있어요. 바쁨과 열심을 잠시 벗어나 아무것도 하지 않는 한가로움을 즐길 권리 말입니다.

인도의 명상가 라즈니쉬는 휴식을 '하지 않으면 안 된다'가 사라져 버린 상태로 규정했습니다. 무언가를 하겠다는 의지와 욕망도 잠시 잠재우고 몸과 마음을 그냥 쉬게 해주는 것, 이것이 휴식의 진정한 의미이고 한가로움의 진정한 의미입니다. 이것이 게으름이라면 게을러도 됩니다. 이런 게으름이야말로 나를 돌아보고, 내 몸과 마음을 충전하는 소중한 시간이 되기 때문입니다.

하지만 우리는 이런 게으름마저 어색해합니다. 베짱이가 되는 것은 아닌지 불안하고, 뒤처지는 것은 아닌지 염려합니다. 거기에 '아무것도 하지 않는 것보다는 무엇이라도 하는 편이 낫다'는 이상한 노동 윤리가 가세하기도 합니다. 사실은 '불필요한 것을 하는 것보다는 아무것도 하지 않는 편이 낫다'가 훨씬 효율적일 수도 있는데 말이지요. 어찌되었든 우리는 몸과 마음을 그냥 쉬게 하는 데 매우 인색합니다. 쓸데없이 휴대폰을 만지작거리고, 필요치 않은 정보라도 들여다보고 검색합니다. 게다가 옆 사람들이 내 불안을 조장하기도 합니다. '빈둥거리는 것을 보니 할 일이 없나 보지? 뒤처지지 않으려면 뭐라도 해야 하지 않을까?'라면서 사람들은 서로의 한가로운 휴식을 망치고 서로를 불행하게 만들기도 합니다.

분주한 사람은 아이로니컬하게도 자신의 삶에 가장 관심이 없는 사람이 되기 쉽습니다. 바쁘다 보니 자신을 알 길이 없습니다. 정작 자신에게는 시간을 내지 않기 때문입니다. 그런 채로 그냥 정신없이 살아갑니다. 나중에 쉬면 된다고 생각하면서 언제까지나 살 것처럼 분주하게 지냅니다. 죽을 때까지 분주한 것이 그렇게 즐거운 일일까요?

내 삶의 길을 누구에게 묻는가?

몰입의 힘을
아세요?

다른 생각을 하지 않는 것, 연기처럼 흐트러지고 산만해진 의식을 모으는 것, 오로지 그 일에 집중하는 것, 바로 몰입입니다. 몰입은 어떻게 할까요? 전문가들은 '걸으면서 생각하거나 대화하라', '관련된 내용의 소리 파일을 듣거나 동영상을 보라', '조금씩 잠을 청하라', '위기감이나 스트레스를 잘 활용하라', '운동을 하라' 등 여러 구체적인 방법을 제시합니다. 하지만 그런 방법들이 효과를 보려면, 우선 몰입하기를 선택해야겠지요. 앞에서 나를 만드는 것은 내 선택이라고 했습니다. 몰입하기로 마음먹는 것 역시 선택입니다. 물론 몰입하기로 선택한 뒤 실제로 몰입하는 데 위의 방법들이 도움이 될 수는 있습니다. 외부의 방해 요소를 없애는 것이 유용할 수도 있습니다. 하지만 그것들은 부수적인 조건입니다. 왁자지껄한 시장에서도 공부를 할 수 있듯이 위 방법들 없이도 몰입할 수 있으니까요. 중요한 것은 선택하는 것입니다. '이것에 집중해야겠다. 다른 생각이 떠올라도 그것에 매달리지 않겠다' 하고 굳게 마음먹으면 되는 것입니다. 마음을 먹어도 자꾸 다른 생각이 든다구요? 그럴 때는 또 한 번 마음을 먹으세요. 그래도 잘 안된다구요? 그렇다면 몰입 대상에게서 즐거움을 느껴 보세요. 자기가 하는 일이 즐겁거나 기쁨을 주는 경우에는 누가 뜯어말리고 온갖 방해를 해도 그 일에 자꾸 마음이 갑니다. 그래서 몇십 분, 아니 몇 시간이 지났는지도 모르게 됩니다. 아주 잠깐 그러고 있던 것 같은데 말입니다. 고스톱을 좋아하는 사람은 다른 생각 없이 그 일을 진종일 즐길 수 있고, 수학 문제 푸는 것을 좋아하는 사람은 밤을 새우면서도 그 일에 집중합니다.

집중과 몰입이 우리 의식과 삶에 얼마나 지대한 힘을 발휘하는지는 뇌과학 연구를 통해서도 알려지고 있습니다. 집중을 하면 우리 뇌의 신경세포인 뉴런과 신경세포들을 연결하는 접합부인 시냅스들이 선택적으로 활성화된다고 합니다. 시냅스는 (물론 유전적인 측면도 있지만) 후천적으로도 다양한 정보가 입력되면서 형성되기 때문에, 우리가 어떤 정보를 주느냐에 따라 시냅스의 내용도 달라집니다. 미국의 심리학자이자 철학자였던 윌리엄 제임스는 이렇게 말한 적이

내 삶의 길을 누구에게 묻는가?

있습니다. "아주 사소한 생각이라도 예외 없이 두뇌의 구조를 변화시켜서 흔적을 남긴다. 생각 하나하나가 뇌 구조를 쉬지 않고 바꾼다. 같은 생각을 여러 번 반복하면 습관으로 굳어 버린다. 성격도 생각하는 방향으로 바뀐다. 그러니 생각을 원하는 방향으로 바꾸고 그 상태를 단단히 유지해 새로운 습관을 들여라. 그러면 뇌 구조가 거기에 맞게 변경될 것이다." 제임스의 이러한 생각이 시냅스와 후천적 정보 사이의 관계를 통해 어느 정도 과학적으로 밝혀진 셈이네요.

그런데 집중도가 높아지면 시냅스가 많아지고, 시냅스 활성에 관여하는 뉴런연합체도 당연히 커지며, 그러면서 다량의 신경전달물질도 분비가 됩니다. 잡념이 들어오는 것을 막는 역할을 하는 가바GABA(아미노산 신경전달물질로 포유류의 뇌에만 존재한다), 관련된 장기 기억을 인출하고 활성화시키는 아세틸콜린acetylcholine(부교감 신경이나 운동 신경의 자극에 의하여 분비되며 신경의 흥분 전달에 관여한다), 그리고 쾌감 물질인 도파민dopamine(머릿골 신경 세포의 흥분 전달에 중요한 구실을 한다)이 바로 그것들입니다. 특히 도파민은 달콤하면서도 고칼로리 음식인 아이스크림이나 초콜릿을 먹을 때에도 나오는 것으로, 몰입시의 쾌감과 즐거움은 도파민 덕분입니다. 뇌과학이 알려준 이런 정보에 따르면 우리는 집중하고 몰입하면서 우리의 의식과 뇌의 상태를 변화시키고, 더불어 즐겁기까지 하네요.

뇌과학이 제공하는 과학적 증거가 집중과 몰입이 갖는 좋은 효능의 전부는 아닙니다. 몰입이 길어지면 우리는 자신이 하는 일에 가치를 부여하게 됩니다. 그 일이 자신에게 매우 중요하다는 생각을 하게 됩니다. 그러면서 소명의식도 가질 수 있겠지요. 소명의식을 갖게 되면 자기 삶의 의미도 더욱 진해집니다. 그 과정에서 자신이 하는 일에 경쟁력도 생길 것입니다. 몰입과 집중의 대상이 공부일 경우에는 당연히 성적도 오르겠지요?

나이가 든다고
현명해질까?

나이가 들면 저절로 현명해질까요? 어른들은 다 지혜로울까요? 그러면 좋겠지만 아쉽게도 그렇지 못합니다. 살아가면서 이런저런 경험을 하고 다양한 것들을 배우기는 하지요. 그렇다고 누구나 지혜롭고 현명해지지는 않습니다. 오히려 머리는 허옇게 세어 가지만 더욱 어리석어지는 사람들도 있습니다. 맹목적인 아집과 독선, 이기심과 시기심, 때로는 심술궂음까지 장착해서요. 최근에 어떤 사건에 대해 들은 적이 있습니다. 사람들이 옹기종기 모여 사는 거주지에 언제부턴가 드럼 소리가 울려 퍼지기 시작했답니다. 밤낮을 가리지 않고 둥둥거리는 그 소리에 사람들은 피곤해지기 시작했지요. 주민 한

분이 그 소리의 출처로 확인된 집의 문을 두드렸대요. "혹시 드럼 소리 들어보셨나요?" 그랬더니 그 집에 사는 50대 남성이 자신이 드럼을 치고 있노라며 당당하게 말하더랍니다. 당연히 그 주민은 자제를 부탁했겠지요. 많은 이웃이 드럼 소리를 공해로 인식한다는 사실을 알려 드리면서요. 그랬더니 드럼을 취미 삼아 친다는 그분은 여전히 당당하게 "경찰에 신고하세요"라며 휙 돌아서더랍니다. 적개심 가득한 위협적인 몸짓을 보이면서요. 참으로 괴이한 답변이고, 괴이한 행동이지요? "미안합니다. 조심하겠습니다. 그렇게 크게 울리는 줄 몰랐습니다"라는 답변을 기대했을 동네 주민은 아무 말도 하지 못하고 그냥 돌아왔고, 그 후로도 드럼 소리는 계속되고 있다고 합니다. 편협하고도 지질한 이기심이 연출한 적반하장의 장면을 전해 들으면서 한숨이 나왔습니다. 나이 오십을, 공자는 하늘의 뜻을 알았다고 하여 지천명知天命이라고 했고, 힌두교에서는 마음을 열고 마음을 비우는 바나프라스타vanaprastha가 시작되는 시기라고도 했는데, 그것은 누구에게나 해당되는 것은 아닌가 봅니다.

생물학적 나이는 정신의 나이와는 분명 다릅니다. 정신의 나이는 현명함으로 측정되지요. 현명하다는 것은 무엇일까요? 여러 가지 특징이 있겠지만, 삶이란 더불어 살아가는 것이고, 나 홀로 행복이 아니라 서로의 행복에도 책임을 느껴야 한다는 점을 깨닫는 것, 내가 옳다고 믿는 바가 옳지 않을 수도 있다는 평범한 사실을 깨닫는 것 등도 현명함에 속하지 않을까요? 하지만 현명하게 나이를 든다는 것은 어려운 일인 듯합니다. 우리 주변에는 자신만 알고 자신만 중요하다고 믿는 그 드럼 치는 50대 같은 사람들이 차고 넘치니까요. 그런 현명하지 못한 사람들이 많아질수록 우리 삶은 점점 어려워집니다. 불만이 쌓이고 적대감과 적개심이 분출되기 때문입니다. 세상도 점점 요지경이 되어 버립니다. 그렇다면 지식을 많이 쌓으면 현명해질까요? 지식과 현명함은 다릅니다. 많이 배운다고 현명해지는 것도 아니고, 배우지 못했다고 현명하지 않은 것도 아닙니다. 아무리 책을 많이 읽는다고 해도, 책을 등에 쌓아 놓기만 하는 당나귀같다면 아무것도 배우지 못한 것입니다. 게다가 현명함은 지식보다 훨씬 가치가 있습니다. 정신의 가치는 지식을 높이 쌓는 데 있다기보다는, 에머슨의 시를 통해 확인한 바 있듯이 우리를 잘 살게 해주는 아주 평범한 지혜를 갖는 데서 확인할 수 있습니다.

지혜롭고 현명하게 성장하기를 바랍니다. 그러면 여러분이 만들어 가는 세상은 지금보다 훨씬 더 살기 좋아질 것입니다. 좋은 세상에서 살고 싶다면 좋은 세상을 찾아 떠나는 방법도 있지만, 우리 손으로 그런 세상을 만드는 방법도 있습니다. 그런 세상을 만들려면 현명해지는 길을 계속 걸어가야 합니다. 몽테뉴의 제안처럼, '나는 어제보다 조금이라도 더 현명해지고 있는지'를 늘 물어보는 것은 아주 좋은 방식입니다.(몽테뉴, 《수상록》)

살아 있다는 것,
그 축복

'나는 왜 이런 열악한 환경에서 태어났을까?' 많은 사람들이 이런 의문을 갖습니다. 누구라도 부러워할 만한 환경과 모든 것을 다 갖추고 태어난 듯한 사람을 보면 이런 의문은 더욱 커지지요. 세상은 정말 불공정하다는 탄식도 절로 나옵니다. 이런 의문에 대해 '전생에 선업을 많이 쌓은 사람과 그렇지 못한 사람의 차이'라는 답변이나, '비록 지금은 이렇지만 착하게 살면 죽어서 좋은 곳에 갈 거야'라는 답변이 가끔씩은 위로가 되기도 합니다. 하지만 위로일 뿐 그 불공정함이 사라지는 것은 아닙니다. 우리가 이러저러한 환경에서 이러저러한 모습으로 여기 이렇게 태어났다는 것, 이것은 존재의 숙명입니다. 누구의 책임도 아니고 누구의 탓도 아닙니다. 물론 내 탓도 아닙니다. 그런데 존재의 이 불공정한 숙명은 우리가 생명을 받았기에 생긴 것입니다. 생명을 받았다는 것은 모든 불공정과 부조리를 상쇄할 수 있는 유일한 것입니다. 모든 가치 중의 최고의 가치입니다. 생명을 받은 것, 내가 여기에 이렇게 존재한다는 것, 이보다 더 좋은 일이 있을까요? 이보다 더 큰 축복이 있을까요? 내가 여기 없다면, 이 세상은 무슨 의미이고 불공정한 세상은 또 무슨 의미가 있을까요? 투덜거림이나 불만족도 내가 살아 있어야 할 수 있는 것이고, 기쁨이나 행복도 마찬가지입니다. 그러니 출생이 공정하지 않다고 툴툴거릴 이유가 없습니다. 생명을 받은 것만으로 이미 그 불공정을 상쇄하고도 남습니다. 또한 출생의 공정하지 않음은 투쟁의 대상도 아닙니다. 우선 받아들이고, 그 현실을 자신을 행복하게 만드는 기제로 활용하면 그만입니다.

그런데 살아가면서 우리는 차라리 태어나지 않는 것이 더 낫겠다는 생각이 들게 하는 또 다른 불공정과 불합리에 직면하게 됩니다. 돈, 권력, 학연, 지연, 혈연의 횡포, 배려 없는 이기심의 독선, 뻔뻔한 무원칙과 무책임, 무한경쟁과 승자독식의 경쟁구도로 얼룩진 세상이기에 더욱 그렇습니다. 그리스의 현자 실레노스가 그랬다지요. "태어나지 않는 게 가장 좋은 것이고, 태어났으면 빨리 죽는 게 차선책이다." 그 옛날에도 세상은 부조리와 불합리와 불공정함으로 가득한 문젯거리 세상이었나 봅니다. 많은 사람들이 고통 받는 세상 말입니다. 그렇다고 실레노스처럼 이 세상을 벗어나는 것이 현명한 일일까요? 그것은 비겁한 일입니다. 세상을 바꾸려는 노력을 포기하고 도망치는 것이기 때문입니다. 또한 그것은 내 생명에 대한 배반이기도 합니다. 생명의 본질인 살고자 하는 힘을 인정하지 않겠다는 것이기 때문입니다. 생명이라는 최고 가치를 그 하위 가치인 성공이나 명예나 돈 따위 때문에 포기하는 것이기도 합니다.

살아가며 내게 일어나는 수많은 일들 가운데에는 좋은 것도 있지만 나쁜 것이나 추한 것도 많습니다. 고통을 야기하는 사태도 많지요. 하지만 그런 일들은 내게만 그럴 뿐 다른 사람에게는 다른 식으로 받아들여질 수 있습니다. 혹은 지금 내게는 아프게 다가오지만 몇 년 후에는 그 반대가 될 수도 있습니다. 폭우로 집 안에 물이 들어차는 것이 내게는 좋지 않은 일이지만, 가뭄으로 타들어 가던 산천에는 좋은 일일 수 있듯이 말입니다. 이렇듯 모든 일은 그것을 바라보고 해석하는 방식에 따라 달리 평가됩니다. 그 어떤 것도 그 자체로 좋지도, 그 자체로 나쁘지도 않습니다. 이렇게 생각하면, 나쁜 일이 일어나지 않기를 바라면서 노심초사하지도, 좋은 일만 일어나게 해달라고 바라지도 않게 됩니다. 오히려 내게 닥치는 어떤 일이라도, 좋게 바라보고 좋게 만들 수 있는 힘과 지혜를 달라는 기도를 하게 되지요. 운명론자가 되는 위험에서도 벗어나게 됩니다. '나는 운이 정말 좋지 않아. 그때 운만 조금 따라 주었다면' 하는 공허한 생각은 더 이상은 하지 않게 됩니다.

내 삶에 발생하는 모든 일은 어떤 의미를 부여하고 어떻게 해석하는지에 따라 독이 되기도 하고 약이 되기도 합니다. 그러니 일단 받아들이세요. 그런 후에 세상 속 최고의 축복인 내 삶을 위해 잘 활용하면 그만입니다.

매일매일
행복을 선택하세요

인간은 시간에 대해 생각하면서 살아가는 존재입니다. 독일 철학자 하이데거가 말했듯이 과거를 현재로 다시 불러들이기도 하고, 미래를 현재로 미리 끌어들이기도 합니다. 그래서 시간을 현재화시킬 수도 있습니다.(하이데거,《존재와 시간》) 그렇다고 타임머신을 타듯 흘러가 버린 과거의 시간 속으로 들어가거나, 아직 오지 않은 미래로 가서 사는 것은 아닙니다. 과거를 기억하면서 그리고 미래를 예견하면서, 현재를 위해 의미 있게 활용하는 것이지요. 지금 바로 여기에 있는 나를 위해서요. '나'는 수많은 지금이라는 현재의 순간들이 모이고, 수많은 지금들이 함께 만들어 가는 장입니다. 1분 1초의 찰나,

하루, 한 달, 일 년, 그 모든 현재의 순간들이 바로 '나'입니다. 그 모든 현재의 순간들이 바로 내 인생입니다. 게다가 그 모든 순간은 단 한 번뿐이지요. 두 번은 오지 않아요. 단 한 순간이라도 헛되이 보내기에는 너무 아깝습니다. 알차게, 의미 있게, 보람차게 보내기를 바랍니다.

순간순간을 그렇게 보내는 것은 나 자신을 행복으로 인도하는 지름길이기도 합니다. 행복은 스스로 만드는 것입니다. 이 사실은 아무리 강조해도 부족합니다. 행복을 스스로 만든다는 것은 행복하기를 스스로 선택한다는 말과 동의어였지요. 게다가 우리가 확실히 잡을 수 있는 유일한 행복은 지금 이 순간의 행복입니다. 과거의 행복은 흘러가 버린 것이고 미래의 행복은 아직 오지 않은 것입니다. 그러니 지금 이 순간 행복하기로 결심하고 행복을 선택하세요. 미래의 불확실한 행복을 위해 확실한 지금 이 순간을 희생하거나 포기하지 마세요. 나중의 행복을 바란다고 해도 지금 이미 행복해야 합니다. 지금 집을 짓지 않는 사람은 이후에도 짓지 않는 법이니까요.

잊지 않았지요? 행복해지려면 내가 누구인지를 알려는 노력이, 자신에 대한 신실한 존중과 사랑과 유쾌한 자존감이, 내 선택 하나하나가 나를 만든다는 인식이, 나 홀로 행복은 불가능하다는 지혜가, 더불어 사는 사람들의 행복을 고려하는 사랑이, 이 세상 전체에 대한 무한한 책임의식이 필요하다는 것을요. 그런 행복한 삶은 내

| 빈센트 반 고흐, 〈별이 빛나는 밤〉

지금 이 순간 행복하기로 결심하고 행복을 선택하세요. 미래의 불확실한 행복을 위해 확실한 지금 이 순간을 희생하거나 포기하지 마세요. 나중의 행복을 바란다고 해도 지금 이미 행복해야 합니다.

힘과 에너지의 낭비를 최소화시키고 효율적으로 활용하는 경제적 삶이기도 합니다. 그렇게 살아가는 당신은 멋진 사람입니다. '잘 살았네' 하고 고개를 끄덕이게 하는 삶의 주인이니까요.

행복하다는 것 Glücklichsein

헤르만 헤세

인생에 주어진 의무는 아무것도 없다네
그저 행복하라는 한 가지 의무뿐
우리는 행복하기 위해 세상에 왔지
Es gibt keine Pflichten des Lebens

es gibt nur eine Pflicht des Glücklichseins

Dazu alleine sind wir auf der Welt

그 온갖 의무와 도덕
온갖 계명을 갖고서도
사람들은 거의 서로를 행복하게 하지 못하지
그것은 사람들 스스로 행복을 만들지 않는 까닭
und mit aller Pflicht

und aller Moral

und allen Geboten

macht man einander selten glücklich

weil man sich selbst damit nicht glücklich macht

(…)

모든 이에게 세상에서 중요한 한 가지는

그의 가장 깊은 곳

그의 영혼

그의 사랑하는 능력이라네

Für jeden ist das einzige wichtige auf der Welt

sein eigenes Innerstes

seine Seele

seine Liebesfähigkeit

수수죽을 떠먹든 케이크를 먹든

누더기를 걸치든 보석을 휘감든

사랑하는 능력이 살아 있는 한

세상은 영혼과 더불어 순수한 화음을 울렸고

내 삶의 길을 누구에게 묻는가?

언제나 좋은 세상

옳은 세상이었다네

Ist die in Ordnung

so mag man Hirse oder Kuchen essen

Lumpen oder Juwelen tragen

dann klang die Welt mit der Seele rein zusammen

war gut

war in Ordnung

아우름14

내 삶의 길을
누구에게 묻는가?

1판 1쇄 인쇄 2016년 9월 30일
1판 1쇄 발행 2016년 10월 10일

지은이 백승영
펴낸이 김성구

책임편집 나성우
단행본부 박혜란 이은정 김민기 김동규
디자인 여종욱 문인순
제 작 신태섭
책임마케팅 송영호
마케팅 최윤호 손기주 유지혜
관 리 김현영

표지 패턴 NOSTRESS 민유경

펴낸곳 (주)샘터사
등 록 2001년 10월 15일 제1-2923호
주 소 서울시 종로구 대학로 116 (03086)
전 화 02-763-8965(단행본부) 02-763-8966(영업마케팅부)
팩 스 02-3672-1873 **이메일** book@isamtoh.com **홈페이지** www.isamtoh.com

ISBN 978-89-464-2039-7 04100
ISBN 978-89-464-1885-1 04080(세트)

이 도서의 국립중앙도서관 출판시도서목록(CIP)은 e-CIP 홈페이지
(http://www.nl.go.kr/cip.php)에서 이용하실 수 있습니다. (CIP제어번호: CIP2016023044)

값은 뒤표지에 있습니다.
잘못 만들어진 책은 구입처에서 교환해 드립니다.